給自己的犒賞之旅

ことりっぷ co-Trip
世界小伴旅

歡迎來到
胡志明

今天也辛苦了

最近總覺得有點累對吧？

如果能安排一趟小旅行就好了

將煩惱的事情全部拋諸腦後，煥然一新。

駐足在街角，期待下一秒會遇見什麼新鮮事

明天才能繼續努力。

出發了。

人人出版

抵達胡志明市後……

那麼，接下來要做什麼呢？

**胡志明市擁有快速發展的街道和悠閒的
露天咖啡廳，混雜的市場內藏有時尚雜貨商店，
街道交織著新舊面貌。**

抵達胡志明市後，趕緊品嘗越南料理吧！也很推薦訂做
美麗的洋裝或小飾品，以及選購雜貨。一邊眺望著有小
巴黎之稱的胡志明市街道，一邊在咖啡廳悠閒度過也很
不錯呢。最後，到Spa美容一下肌膚吧。

人潮和商品混雜的濱城市場，可以享
受尋寶的樂趣⮕**P.26**

這裡是法國？殖民地式建築的胡志明
市大劇院會讓人產生這種錯覺⮕ **P.28**

用Spa犒賞努力的自己，與台灣相比
價格相對便宜⮕**P.30**

推薦入住歷史悠久的殖民地風格飯店，
享受優雅的住宿體驗⮕ **P.88**

稍微走遠一些到湄公河三角洲，再次
探索南洋風情⮕ **P.94**

越南的傳統藝能「水上木偶戲」，木
偶的逼真動作令人印象深刻⮕ **P.40**

要吃點什麼呢？

河粉、生春捲、越式法國麵包等道地越南料理，味道果然不一樣。南洋風味甜點也請一定要嘗試。

首選推薦最具代表性的河粉和生春捲。早餐可以選擇越式法國麵包「Bánh mì」，細細品嘗越南麵包的美味。飯後甜點的種類也很豐富，幫助消暑的冰淇淋、越南奶昔和甜湯都是胡志明市的特色甜點。

說到越南料理，最具代表性的就是生春捲，什麼是道地的風味呢？➡P.20

保留法國麵包文化的影子，越式法國麵包堪稱絕品➡P.22

check list

☐ 品嘗道地的河粉➡P.18
☐ 盡情享受春捲➡P.20
☐ 早餐必吃的「越式法國麵包」➡P.22
☐ 南洋水果➡P.24
☐ 人氣地方美食➡P.44
☐ 令人讚嘆的越南人氣甜點➡P.50
☐ 體驗越南咖啡➡P.52
☐ 慰勞晚餐➡P.56

彷彿從濾器滴落的咖啡，在咖啡廳裡悠閒度過➡P.52

簡約的越南陶瓷器和日式餐桌也很搭➡P.72

要買些什麼呢？

刺繡和手工串珠雜貨是一定要購入的伴手禮，市場內的廉價商品也很值得入手。

越南的訂製費很實惠，可以用便宜的價格製作屬於自己的洋裝或小飾品。簡樸的陶瓷器和漆器餐具也是越南特有的商品，在市場殺價購入的雜貨也很適合送給女性朋友作為伴手禮。

作工精緻的刺繡雜貨，絕對是會讓人想入手的商品之一➡P.64

check list

☐ 越南奧黛➡P.32
☐ 繁華街道的人氣商店➡P.64
☐ 精緻的刺繡雜貨➡P.70
☐ 陶瓷器&漆器➡P.72
☐ 傳統工藝&少數民族雜貨➡P.74

ことりっぷ co-Trip 世界小伴旅

胡志明

Contents

●景點＆遊逛
●購物
●美食
●夜間景點
●美容
●飯店

Ho Chi Minh

大略地介紹一下胡志明市

越南地形南北狹長。胡志明市為南部的大城市，曾經被稱為西貢，雖然胡志明市目前正急速發展，但生活習慣還是和台灣有很大的不同。
氣候、時差、物價呢……？以下將為這些常見問題進行解答。

胡志明市小資訊

 Q 台灣到胡志明市的航班？

 A 直飛約3～4小時
桃園、台中、高雄皆有直航班機到胡志明市。飛行時間大約3～4小時。桃園和高雄也有晚上出發的班機。

 Q 官方語言是什麼？

A 官方語言是越南語
英語、法語、中文在大都市都能通。胡志明市的飯店、商店、市場、餐廳也有很多會講日語的服務人員。

Q 和台灣之間的時差？

A 時差是1小時
胡志明市比台灣慢1小時，台灣中午12點為胡志明市時間上午11點。

 Q 需要簽證嗎？

A 短暫停留需辦理簽證
自2023年8月15日起，越南政府正式開放台灣旅客可以透過電子簽證入境。目前申請電子簽證有效期限為90天內，並可多次入境越南。入境越南時的護照效期需要有6個月以上。

 Q 胡志明市的氣候
A 乾濕季分明

越南地形南北狹長，南部和北部的氣候差異甚大。位於南部的胡志明市屬於熱帶季風氣候，四季如夏，5～11月為雨季，12～4月為乾季。其中1～2月多為晴朗乾燥的天氣，是前往旅遊的最佳時機。雨季期間經常會有短暫強降雨，請多加留意。

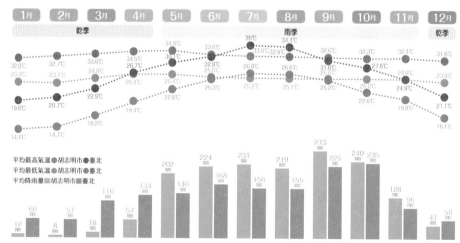

出處：WMO（世界氣象組織）／氣象廳

Q 關於貨幣與匯率

A 貨幣單位是盾

貨幣為越南盾（VND），大多使用1000～50萬VND紙鈔，小額紙鈔及硬幣幾乎不再流通。越南盾可在機場、當地銀行、兌換所、飯店等地兌換。當地也有許多可用信用卡預借現金的ATM。1萬VND＝約新台幣13元（2024年2月時）。

Q 物價如何？

A 約台灣的2分之1

500公升的礦泉水約6000VND（約新台幣8元）。一般而言，物價比台灣便宜。超市和百貨商場為定價制，市場為交涉制，必要時可以殺價。

Q 需要付小費嗎？

A 餐廳和小吃店基本上不用

雖然在觀光地已成為慣例，但餐廳、飯店等，費用已含服務費的地方就不用。一般飯店行李員的小費行情約2萬VND，美容沙龍和按摩店則為5～10萬VND。

入境時無需提出疫苗證明

台灣國籍無論是否有接種疫苗，入境時皆無需提出疫苗證明或PCR檢查。不過，若在當地感染，會產生高額的住院費，建議出發前先購買旅行平安險。

Q 關於廁所

A 建議使用飯店或餐廳的廁所

飯店和高級餐廳都有乾淨的廁所，一般小吃店可能會有無隔間的情況。若為收費廁所，於櫃檯支付2000VND後即可使用。有些地方沒有提供衛生紙，而是裝設沖洗器，建議隨身攜帶衛生紙。廁所標示女廁為Nu，男廁為Nam。

Q 需要注意些什麼？

A 應避免與政治、國情有關的言行

越南是社會主義國家。雖然旅行時感覺很自由，但有些地方會有公安機關在監視，建議避免做出與政治體制、國情相關的批判言行。另外，軍事設施會有禁止拍攝的標語，請留意。

越南的歷史

越南悠久的歷史可以追溯至公元前，在經歷中法統治和越南戰爭的動盪時期後，獨立成為一個社會主義國家。如今作為東協國家的核心帶動經濟發展。其中，胡志明市為著名的商業都市，擁有殖民地式建築、法國統治時保留下來的咖啡文化，以及名為堤岸的中華街等多元化面貌。了解其複雜歷史所創造出的豐富文化，會讓旅行更加愉快。

胡志明市的其他基本資訊請參閱➡P.106

越南的主要節日及活動

1月1日	元旦
2月8日～14日左右	新年（農曆。9日為除夕）＊
4月29日	雄王紀念日（農曆3月10日）＊
4月30日	統一節（解放南部紀念日）
5月1日	國際勞動節（五一勞動節）
9月2日	國慶日（獨立紀念日）

※上述資訊以2023年9月～2024年8月的國曆表示。
※＊符號的節日及活動日為農曆，每年日期不同。
※新年是最重要的節日。大部分的商店都不會營業，旅行建議避開這段期間。

胡志明市的街道

位於南部的胡志明市，是越南最大的商業都市。
飯店、商店和餐廳都集中在市中心，
建議先從最繁華的同起街開始遊逛。

歡迎來到
胡志明市！

非常長的
西貢河

新山一國際機場在這裡
可搭乘巴士或計程車前往市區

西貢站

熱鬧的堤岸中華街

胡志明市位於
越南的南部

中國
寮國
泰國
柬埔寨

市中心在這裡

N

統一宮

被稱為獨立宮殿的舊
總統官邸，可參加內
部導覽。

戰爭遺跡博物館

金龍水上
木偶劇場

Dinh Thong
Nhat

市民文化公園

Pham Ngoc Thach街
Hai Ba Trung街

Ly Tu Trong街

馬里安曼
印度廟

新世界酒店 H

Le Lai街

9月23日公園

Pham Ngu Lao

Tran Hung Dao街

3

1

商店和餐廳齊聚一堂，
最熱鬧的街道

同起街周邊
Dong Khoi

遊逛同起街 **P.64**

其他推薦街道

★黎聖宗街 **P.67**　　★Ton That Thiep街 **P.66**

聖母大教堂
優美的哥德式建築教堂是熱門拍攝景點，人潮非常多。

2 充滿在地活力的市場
晚上也是攤販林立的夜市
濱城市場周邊
Cho Ben Thanh

在濱城市場感受
當地的熱情 **P.26**

遊逛時該注意什麼？
市區4～5月的白天氣溫達35度，最舒適的季節也會來到30度左右，應多加注意身體的狀況。補充水分固然重要，但建議避開飲用自來水及攤販的冰塊。

西貢動植物園
Thao Cam Vien Sai Gon

西貢動植物園
一個能讓市民遠離喧囂的寧靜場所，也有動物園。

3 聚集許多平價旅館和小吃店
也有許多旅行社推出優惠行程
范五老街周邊
Pham Ngu Lao

想參加美托、芹苴等郊外旅遊團就來這邊報名

胡志明市大劇院
粉色建築是同起街的地標。周邊有許多飯店。

Le Duan街

聖瑪大教堂
Nha Tho Duc Ba
(整修中)

Nguyen Du街

人民委員會大廈
Toa Nha UBND T.P.

西貢柏悅酒店 (H)
凱悅酒店

胡志明市大劇院
Nha Hat Thanh Pho

麗士酒店
Le Thanh Ton街

1區

地鐵1號線（建設中）

Le Loi街
Ton That Thien街

1 Me Linh廣場

Nguyen Hue街

Dong Khoi街
同起街

西貢河

雄偉酒店 (H)

2

濱城市場
Cho Ben Thanh

Pasteur街

Ham Nghi街

美術博物館

Pho Duc Chinh街

4區

胡志明市博物館

距離市中心約5公里，
番外篇 以平西市場為中心的中國城

堤岸
Cho Lon

到歷史悠久的寺院、批發街、熱鬧的市場感受華人氛圍 **P.80**

西貢河
流經市中心的河川，很多人會在此乘涼或搭遊船享用晚餐。

★該從哪裡開始逛呢？
➡先從同起街開始
同起街的觀光景點和商店林立，也能品嘗到越南美食，先在此掌握胡志明市的特色吧。

★要怎麼移動呢？
➡基本上以計程車&步行為主
在市中心移動步行即可。從胡志明市大劇院到西貢河，步行約8分鐘。前往堤岸等地就搭計程車。

★若想體驗在地氛圍呢？
➡去濱城市場
市場內有日用品、水果、蔬菜等食品，應有盡有。這裡最能貼近當地人的生活。

★若有多餘的時間呢？
➡參加胡志明市郊外旅遊團
時間足夠的話，建議參加郊外旅遊團。可以在當地的旅行社報名。

小小的旅行建議書

透過吃美食和購物來紓壓！
4天3夜充電之旅

抵達後，馬上前往胡志明市的街道吧。
享受越南料理及購物的同時，
也別忘了到Spa和夜景迷人的酒吧充電。

第1天

若是中午過後抵達的班機，
就從傍晚開始玩樂吧

14:00 抵達新山一國際機場

15:00 搭乘計程車前往市區

16:00 抵達同起街上的歐式酒店。
辦理入住手續

16:30 立即前往熱鬧的同起街。
享受購物時光！

19:00 肚子好餓～
品嘗必吃的越南料理

21:00 遊逛街道，
到深夜咖啡廳歇歇腳

22:00 第1天就收穫滿滿。
今天早點休息吧

今日的獎勵
Vietnam House的晚餐
93萬8000VND

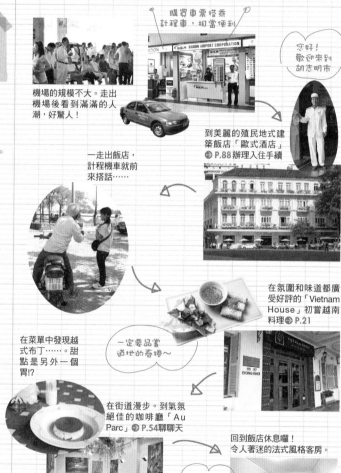

購買車票搭乘計程車，相當便利

機場的規模不大。走出機場後看到滿滿的人潮，好驚人！

您好！歡迎來到胡志明市

到美麗的殖民地式建築飯店「歐式酒店」 ➡ P.88 辦理入住手續

一走出飯店，計程機車就前來搭話……

在氛圍和味道都廣受好評的「Vietnam House」初嘗越南料理 ➡ P.21

一定要品嘗道地的春捲～

在菜單中發現越式布丁……。甜點是另外一個胃!?

在街道漫步。到氣氛絕佳的咖啡廳「Au Parc」 ➡ P.54 聊聊天

回到飯店休息囉！令人著迷的法式風格客房。

啊～好累

第2天

盡情購物的一天。
能找到所有想要的東西嗎

9:00 早餐決定吃美味的
越式法國麵包「Bánh mì」！

9:30 接續第1天的行程，
繼續在同起街散步＆購物

13:00 肚子好餓……。
午餐就吃河粉吧

14:00 吃得好飽，
前往今天的第二目標Pasteur街

16:00 大口品嘗胡志明市的
特色冰淇淋。可愛又美味～

16:30 嚮往的越南奧黛。
成為模特兒拍攝紀念照

18:00 回到飯店稍作休息。
看看今天的戰利品！

19:00 前往Hoa Mai餐廳。
一邊欣賞民族舞蹈，一邊吃晚餐

今日的獎勵
傳統舞蹈和
晚餐60萬VND

大口吃！

早餐在「Nhu Lan」
➡P.23享用了越式法
國麵包～

剛好適合當
便當袋，好
猶豫要不要
買……

觀光客來來去去的同起街，眾
多魅力商店林立

在這裡
拍攝紀念照

通俗的創意商品
很適合當伴手禮

在人民委員會大廳前
➡P.29拍攝紀念照。
胡志明像也一起入鏡

午餐吃「河粉」➡P.19
道地的味道就是不一樣

到Ton That Thiep街
➡P.66周邊購物。這裡聚
集了許多時尚個性商店

使用椰子殼盛
裝冰淇淋，非
常有南洋風情

前往「CA-REM」
➡P.51避暑。稍微端
口氣，品嘗人氣的椰
子冰淇淋

到「Ao Dai Hanh」➡P.33
試穿越南奧黛，留下寶貴
的紀念

初次欣賞到的音色

邊聆聽現場演奏的傳統音
樂，邊享用越南料理➡P.39

第3天

在胡志明市的最後一天。
享受觀光、美容沙龍，回國

9:00 享用飯店的自助早餐後，
辦理退房手續。
大件行李可以寄放在櫃檯

10:00 搭乘計程車前往胡志明市的
中華街「堤岸」，參觀位於其東邊
的天后宮

11:30 前往濱城市場，
購買送給朋友及同事的伴手禮

13:00 在市場逛了許久，
肚子也餓了，再吃一次河粉吧

14:00 確認伴手禮是否買齊。
到涼爽的咖啡廳坐坐

16：30 到美容沙龍店舒緩兩天的
疲勞。享受極致的按摩體驗……

18：00 最後一頓晚餐，
用豪華的無國界料理當作結尾吧

拍攝天后宮 ⊙ P.80
內的漩渦狀線香，
煙霧上飄的場景讓
人感到療癒

搭乘計程車回
去市中心，欣
賞車窗外的街
道風景

早上到天后宮
參拜的人潮相
當多

要選哪個
好呢～

湯頭很美味

前往濱城市場附近的人氣河粉店
「Pho 2000」 ⊙ P.18

搭乘計程車到「濱城
市場」 ⊙ P.26。想買
很多伴手禮，能否順
利殺價呢？

品嘗「French Bistro
＆Wine bar」 ⊙ P.54
的甜品後，疲勞感瞬
間消失

「Sen Spa」 ⊙ P.76
讓人非常放鬆

最後到無國界料理餐廳「Xu」
⊙ P.59享用慰勞晚餐

也有早上才出發的班機
晚上再住一晚吧

例如越南航空有17:45→22:15、
10:50→15:20抵達桃園國際機場的
班次，航程約3小時30分。睡飽再前往
機場吧（實際航班時間請出發前至航
空公司官網確認）。

20:00 到飯店附近的酒吧
欣賞夜景。
俯瞰美麗動人的街景，
回味此次的旅程

21：30 回飯店休息

今日的獎勵
美容沙龍 77萬VND
慰勞晚餐140萬VND〜

第4天
一大早前往機場，
準備回家囉

15:20 抵達桃園國際機場，
結束一趟小充電之旅，期待
下次再見！

從「Saigon Saigon
Rooftop Bar」 P.60
俯瞰令人依依不捨的
胡志明市街景

雖然在免稅店也
能買到手工藝品
及點心，但價格
會比市區還要高

機場也有販售椰子糖

此次旅行的收穫

送給同事的
伴手禮！

盡情購買價格實惠又可愛的越南雜貨，享受
健康的飲食，讓精神更加充沛！

在濱城市場認識的
可愛少女

值得回憶的
一張照片！

最美味的
是這個！

緩解疲勞的越式布丁
45000VND

鬆軟的麵包和內餡十分
相配。25000VND

訂做一件光澤
動人的鮮豔粉
色洋裝

真希望夏天趕快
來，珠飾涼鞋
25萬2000VND

作工精細的蜻蜓包
15萬VND

在濱城市場購入的
刺繡小包13萬VND〜

送給咖啡愛好者
爸爸的越南咖啡
57000VND

美味的正宗生春
捲，無論幾個都
吃得下

喜歡的地點？伴手禮？
小伴旅推薦的胡志明市景點！

胡志明市有許多值得推薦的美食和購物地，
若是不知如何安排，選擇當地人也愛去的地方準沒錯。

從精品到食品一應俱全，
很適合在此選購伴手禮！

越南首家百貨地下商場　　　購物

在越南首家百貨地下商場選購伴手禮。如同台灣的
百貨地下商場，從日式甜點到當地老字號咖啡、茗
茶品牌，應有盡有。

胡志明市高島屋
HO CHI MINH CITY TAKASHIMAYA

MAP 附錄P.9 C-4　　　　　同起街周邊

所 92-94 Nam Ky Khoi Nghia, Q.1
交 濱城市場步行3分 ☎ 028-38211819
時 9:30～21:30(週五六日、假日至～22:00)
休 無休

很有現代感的
挑高式設計
(下)，甜湯的
種類也很豐富
(右)

甜點的甜湯
選擇眾多

美食 2

當地的人氣餐廳

集結了各種越南特色料理，廣受
當地人歡迎的餐廳。繞著開放式
廚房走一圈，享受用手指點餐的
樂趣。

Nha Hang Ngon
Nha Hang Ngon

MAP 附錄P.9 B-2　　　　　同起街周邊

所 160 Pasteur, Phuong Ben Nghe, Q.1
交 胡志明市大劇院步行10分
☎ 028-38277131
時 7:00～22:00 休 無休

實力派越南煎餅　　　美食 1

在胡志明市擁有5家分店的當地人氣餐廳。
主打自產自銷，可以品嘗到用新鮮食材製成
的料理。

Quan Bui
Quan Bui

MAP 附錄P.4 F-2　　　　　同起街周邊

所 19 Ngo Van Nam,Q.1 交 胡志明市大劇院步行13
分 ☎ 028-38291515 時 7:00～23:00
休 無休 價 13萬9000VND～

時尚的裝潢
很有魅力

推薦加入大
量海鮮和蔬
菜的越南煎
餅

小伴旅的一句話

胡志明市的街道交織著新舊面
貌，有許多值得一訪的地方。不
論是在地市場、百貨商場還是時
髦小吃店，小型的街道充滿著迷
人魅力，逛著逛著就會被嶄新面
貌所吸引。

胡志明市推薦精選

被譽為「東方巴黎」的胡志明市，是一個充滿活力的都市，市中心相當小巧，步行即可抵達各景點。享用完美味的越南料理，出發購物去，在別墅Spa美容肌膚也很棒。盡情享受愉快的一天吧。

初次來的人就從
必訪景點下手

最具代表性的美食
正宗道地的河粉介紹

多元化的胡志明市，連河粉的味道也很多樣性。
除了招牌的牛肉、雞肉河粉，也不要錯過當地特有的口味，
好好享用在台灣無法品嚐到的絕佳風味吧。

牛肉河粉 *Pho Bo*

別忘了添加有嚼勁的豆芽菜

加入青蔥和香菜的雞肉河粉，品嚐雞骨湯頭和香草的絕妙搭配／79000VND

必嚐的兩種招牌河粉

半熟牛肉河粉，在泰國當地很受歡迎

煮熟的牛肉片搭配青蔥的牛肉河粉。除了香草，還放入大量豆芽菜，令人食指大動／9萬VND

雞肉河粉 *Pho Ga*

A 麵條與清爽的湯頭相當匹配

Pho Hoa

從早到晚都絡繹不絕的人氣河粉專賣店。店內有牛肉、雞肉等多種河粉，9萬VND～。將油條泡入湯裡品嚐是常見的吃法。

MAP 附錄P.4 D-1　　　　　　　　　　胡志明市北部

所 260C Pasteur, Q.3　交 統一宮開車10分
☎ 028-38297943　營 6:00～22:30
休 無休

B 深受在地人喜愛的知名河粉店

Pho 2000

知名河粉連鎖老店。店內有加入雞肉的雞肉河粉、加入牛肉的牛肉河粉，以及蔬菜河粉等多種菜色。視喜好選擇配料好好品嚐一番吧。

MAP 附錄P.9 A-4　　　　　　　　　　濱城市場周邊

所 208～210 Le Thanh Ton, Q.1　交 濱城市場即到
☎ 079-9430002　營 7:00～21:00
休 無休

素食河粉 Pho Chay

加入香草和萊姆一起品嘗

B

加了大量紅蘿蔔、菇類等蔬菜的河粉，健康又鮮味十足／99000VND～

河粉的食用指南

若是有點河粉，店家會於送餐時一同附上香草和調味料，可視喜好自行添加。名為Quáy的油條需另外收費。

這就是Quáy

綜合牛肉河粉 Pho Dac Biet

C

在台灣吃不到的口味，**請務必嘗試看看！**

加入牛肉片、牛肉丸、牛肉香腸等滿滿牛肉配料的豪華版河粉／7萬VND。

和香菜非常搭

搭配法國麵包一起享用

D

燉牛肉與河粉的絕妙滋味！／79000VND。

Pho Bo Kho

燉牛肉河粉

增加美味度的免費調味料！

| 豆芽菜和牛肉非常搭 | 魚露醬汁 | 香草。味道會有很大的變化 | 加入萊姆變得更爽口 | 一點點辣椒就能提升辣度！ |

C 越南最知名的連鎖店

Pho 24

廣受觀光客歡迎的河粉連鎖店。原本在當地小吃攤才能品嘗到的河粉，隨著這間店的出現，現在也能在乾淨的餐廳內享用到。

MAP 附錄P.9 B-2　　　　　　　　　　　　　同起街周邊

所 158D Pasteur,Q.1　交 胡志明市大劇院步行8分
電 028-35218518　營 6:00～22:00
休 無休

D 推薦燉牛肉河粉

Pho Quynh

營業超過20年以上，廣受當地人的歡迎，在胡志明市擁有5間分店。除了人氣招牌燉牛肉河粉，也很推薦牛肉和雞肉河粉。

MAP 附錄P.7 B-4　　　　　　　　　　　　　范五老街周邊

所 323 Pham Ngu Lao, Q.1　交 濱城市場開車6分
電 028-38368515　營 24小時
休 無休

牛肉河粉的牛肉熟度可以自行選擇。有直接在肉片上淋上熱湯的半熟Tai，以及煮至全熟的Chin兩種。

在胡志明市享用
各式各樣的春捲

說到越南，大部分的人都會想到春捲。
在集結全國各地多種美食的胡志明市，
除了南部之外，也能品嘗到北部和中部的特色春捲。

南部

豬肉螃蟹
生春捲
Fresh Spring Rolls with Pork and Crab

C

加入豬肉、水煮螃蟹、米線等餡料的招牌春捲。大豆味噌沾醬也很美味／25萬5000VND。

當地的春捲種類相當豐富

北部
最有人氣的是炸春捲，也有粉捲等眾多特別口味。

中部
有許多源自宮廷料理的精緻春捲，芥菜捲是地方特產。

南部
類似沙拉的生春捲是南部特產，會搭配肉、海鮮等餡料。

北部

龍蝦炸春捲
Lobster Netted Spring Rolls

A

廣受喜愛的炸春捲。內有龍蝦、鮮蝦、木耳等食材，可以享受多層次的口感／27萬8000VND。

北部

南部

蘑菇生春捲
Fresh Spring Rolls with Mushrooms

B

內餡有水煮蘑菇、豆腐、米線和葉菜類，吃起來清爽又健康／6萬VND。

香腸生春捲
Sun Dried Shrimp, Chinese Sausage and Cooked Turnip Rolls

B

加入中式香腸、乾蝦米、米線、雞蛋絲、生菜、花生、紅蘿蔔等多種餡料的春捲／5條5萬VND。

南部

豬肉蒸春捲
Special Banh Cuon

D

內餡僅有豬肉，會附上豆芽菜、香草和炸洋蔥片，搭配彈牙的春捲皮一同享用／68000VND。

香蕉炸春捲

在SH Garden可以吃到包著香蕉、鮮蝦、米線等內餡的特製香蕉炸春捲。搭配清爽的百香果沾醬，彷彿就像是一道甜點。

中部

鮮蝦豬肉蒸餃
Banh Bot loc  B

包著鮮蝦和豬肉，Q彈口感是其主要特徵，會讓人想一口接著一口／5條65000VND。

可以品嘗到鮮蝦和螃蟹的風味。也能享受豆薯的清脆口感／21萬5000VND。

北部

鮮蝦蒸春捲
Steamed Rice Paper with
Deep Fried Prawn PermicanD C

將炸蝦剁碎包入的春捲。鮮蝦的味道和口感彈牙的外皮很搭／21萬5000VND。

北部

鮮蝦螃蟹炸春捲 附米線
Prawn and Crab Spring Rolls
with Vermicelli C

A 在別緻的獨棟餐廳享受優質的美味

Vietnam House

法屬殖民地式建築外觀的高級越南料理店。有為外國人準備的中部、南部地方風味，味蕾和視覺都能得到滿足。需預約。

MAP 附錄P.8 E-3

同起街周邊
㏽ 93-95 Dong Khoi , Q.1
㊞ 胡志明市大劇院步行4分
☎ 028-38222226
🕐 11:00～14:30、17:00～22:00
㊡ 無休

B 集結越南全國的春捲

Wrap & Roll

除了胡志明市，河內、海外也有分店的春捲專賣店。將越南各地的春捲融合現代元素，濃郁的醬料讓人上癮。

MAP 附錄P.6 E-1

同起街周邊
㏽ Trag Tret MPlaza,39 Le Duan,Ben Nghe,Q.1
㊞ 胡志明市大劇院步行7分
☎ 028-39153345
🕐 10:00～22:00
㊡ 無休

C 品嘗各地的傳統料理

SH Garden

店內外為南洋風格的餐廳，可享用到越南各地的傳統料理及鄉土料理。菜單的種類眾多，春捲的選擇也很豐富。

MAP 附錄P.8 E-3

同起街周邊
㏽ 26 Dong Khoi,P.Ben Nghe, Q.1 ㊞ 胡志明市大劇院步行5分
☎ 098-1999188
🕐 10:00～22:30（23:00閉店）
㊡ 無休

D 平價蒸春捲專賣店

Banh Cuon Tay Ho

營業超過半世紀以上的蒸春捲（粉捲）專賣店，有販售加入豬肉的菜色及春捲皮，也有豬肉火腿和順化熟成豬肉等配菜。

MAP 附錄P.4 E-1

市北部
㏽ 127 Dinh Tien Hoang, Q.1
㊞ 胡志明市大劇院開車10分
☎ 028-38200584 🕐 6:00～20:00（週一至18:00）
㊡ 無休

生春捲一般能在南部品嘗到。建議最好避開沒有烹調的攤販，尤其夏天需特別注意。

不要小看在地美食！
麵包和內餡都是絕品的越式法國麵包

法國統治所留下的伴手禮，最具代表性的就是麵包文化。
被稱為「Bánh mì thịt」的法國麵包，內餡包含火腿、肉醬、蔬菜、香草等
多種食材，是早餐和午餐的首選。

代表性的餡料有這些

 肉醬
Patê
由肝臟製成，鹹度適中，鮮味會
滲透至鬆軟的麵包。

 蛋捲
Trứng Chiên
大多當成主餡料，和越南的調味
料很搭。

奶油
Bơ
味道較為濃厚，沒有什麼鹹味。

 用炭火烤過的麵包
外酥內軟

 叉燒肉
Thịt Xá Xíu
經調味後烤過的豬
肉，切成薄片，香
氣四溢。

 火腿
Chà lụa
越式火腿，外觀與台灣火腿稍微
不同，味道偏淡。

 香菜
Ngò Rí
越南料理不可或缺的配料，用來
增加整體香氣。

 肉鬆
Chà Bông
將豬肉用魚露煮過後，水分蒸發
至只剩下肉的纖維。

 荷包蛋
Trứng Ốp La
用來代替肉醬、叉燒肉等主餡
料，和辣椒醬很搭。

攤販的「Bánh mì」點餐方式

1 向攤販點餐
找到玻璃櫃中有擺放法國麵包
和餡料的店後，進行點餐。用
手指比出需要的數量，他們就
會立刻開始製作。

2 用指的選擇餡料
店家會先用炭爐烤過麵包表
面，再從側面切出一條縫。客
人這時用手指指向想要的餡
料，店家就會幫忙夾進麵包。

3 按照喜好調整
指定火腿、叉燒肉等主餡料
後，攤販大多會直接搭配相應
的配料。不喜歡香草的人請記
得告知。

完成
根據喜好添加辣椒醬、鹽巴、
胡椒、魚露等調味料，外帶會
用紙張包裹起來。1條約2萬
VND。

22

購買越式法國麵包無需言語

越式法國麵包的點餐方式看似困難，但其實不用溝通也沒問題。只要指出想要的主餡料，對方就會自行搭配適合的配料。黃色辣椒非常辣，不吃辣的人建議避開為佳。

A 綜合越式法國麵包
Banh Mi Thap Cam
除了香腸等肉類，還有滿滿的蔬菜。11萬1000VND

B 叉燒肉越式法國麵包
Banh Mi Thit Xa Xiu
內夾了大量類似中東式烤肉的叉燒肉，分量十足。35000VND

B 越式法國麵包
Banh Mi Thit
使用紡錘形麵包夾入食材，內餡為火腿和起司。25000VND

B 烤豬肉越式法國麵包
Bahn Mi Heo Quay
夾著烤到酥脆的厚切豬肉。35000VND

C 招牌越式法國麵包
Banh Mi Huynh Hoa
內餡有自製火腿、醃漬蔬菜、肉醬等食材，一個就能讓胃獲得滿足。62000VND

A

柔軟又美味的現烤麵包

Banh Mi Tuoi

店內新鮮出爐的麵包深獲好評。內用時麵包和餡料會分開端上，要自行將食材夾進麵包裡享用。

MAP 附錄P.4 E-1

胡志明市北部
所 62 Mac Đinh Chi, Q.1
因 胡志明市大劇院開車10分
☎ 028-38222498
🕐 7:00～22:00
休 無休

B

當地最受歡迎的麵包店

Nhu Lan

主要販售鹹麵包為主，其他也有肉包、生春捲、泡芙等豐富種類。可內用，營業時間從凌晨到深夜，十分方便。

MAP 附錄P.6 F-3

同起街周邊
所 50 Ham Nghi, Q.1
因 胡志明市大劇院步行13分
☎ 028-38292970
🕐 4:00～24:00
休 無休

C

營業超過30年以上的當地熱門店家

Banh Mi Huynh Hoa

夾入自製火腿、醃漬蔬菜等餡料的越式法國麵包外帶專賣店。不論早晚都有人在排隊，人潮絡繹不絕。

MAP 附錄P.7 C-3

濱城市場周邊
所 26 Le Thi Rieng, Q.1
因 濱城市場步行9分
☎ 08-96698833
🕐 6:00～21:00
休 無休

越式法國麵包在美食網站「TasteAtlas」中，獲選世界街頭美食第6名。

胡志明市是南洋水果的寶庫
這裡有絕對不可錯過的水果甜點

位於南洋的胡志明市，集結了味道和外觀都很特殊的水果。
除了直接品嘗的切塊水果，越式風味的水果甜點也是極品。

愛上水果甜點

滿滿一杯寶石箱

甜湯 *Che*

甜湯是越南最常見的甜點。有加入滿滿南洋熱帶水果的水果甜湯，
也有加了海草果凍和豆類的甜湯，種類豐富多元。

類似加入碎冰的年糕紅豆湯

滿滿的南洋水果

裡面有龍眼、荔枝等水果

從左開始，綜合水果茶風味甜湯2萬VND、根據喜好選擇配料的甜湯2萬VND，以及加了百香果和木瓜等配料的熱甜湯2萬VND。

甜湯和輕食都能品嘗

Xoi Che Bui Thi Xuan

明亮的綠色系裝潢，當地人潮總是絡繹
不絕。店內也有販售Xôi（糯米飯）、鍋
巴飯、生春捲等輕食，
很多人會在吃完後點一
碗甜湯作為結尾。

MAP 附錄P.7 A-4　　　范五老街周邊

🏠 111 Bui Thi Xuan, Q.1 🚃 濱城市場開車5
分 📞 028-38332748
🕐 7:00～21:00 🈺 無休

多種配料的組合十分有趣。可以
外帶。

24

注意攤販的冰塊！

路上常見到販售甜湯的攤販，但由於會在裡面加入碎冰，因此最好避開衛生環境不佳的攤販，建議前往乾淨的咖啡廳等地品嘗。

LOVE VIETNAMESE FRUITS

1果肉柔軟的牛奶果（Vú sữa）2楊桃（khế）的味道酸澀 3味道類似柿子。名為人心果 4火龍果（Thành Long）的口感與奇異果相似 5香甜的波羅蜜（Mít）6香氣清爽的文旦（bưởi）7酸甜適中的紅毛丹（Chôm Chôm）8酸酸甜甜的西印度櫻桃（sơ ri）9水果女王，山竹（măng cụt）10南洋水果之王，榴槤（sầu riêng）11味道類似李子的蓮霧 12釋迦，果肉又甜又多汁 13味道類似荔枝的龍眼（nhãn）

愛上水果甜點

將各種水果製成冰淇淋

水果冰淇淋 *Kem Trái Cây*

在水果天堂越南，有許多使用特殊水果製成的冰淇淋。也有椰子、榴槤等不常見的口味。

椰子容器內的果肉也能食用

水果之王變身成冰淇淋！

一次品嘗多種滋味

左上開始順時針為／椰子冰淇淋14萬5000VND，榴槤冰淇淋11萬5000VND，裝有椰子、草莓、榴槤、芋頭等4種口味的綜合冰淇淋11萬5000VND

品嘗招牌椰子冰淇淋

Kem Bach Dang

冰淇淋專賣店，招牌是使用椰子殼當作容器的椰子冰淇淋。其他也有榴槤、芋頭等少見的口味。菜單有附照片，點餐簡單又便利。

MAP 附錄P.9 C-3　　　　同起街周邊

所 26D Le Loi, Q.1 交 胡志明市大劇院步行5分 電 028-38216879
時 8:30 ～ 22:00（週六日至23:00）休 無休

除了一般加入豆類的甜湯，也有根莖類、團子類甜湯，健康的藥膳甜湯，水果甜湯等。

從串珠雜貨、飾品到食材，前進應有盡有的濱城市場購物去

雜貨、涼鞋、飾品、料理、點心……。
大型的室內市場中聚集了許多個人商店。
感受一下人潮洶湧的市場活力吧！

歡迎來到
濱城市場

人潮、商品、喧鬧……總之，非常熱鬧

與當地人進行交流，玩出
市場醍醐味

不愧是位於南洋的胡志明市。
水果種類好豐富！

市場關門後，周邊
會出現許多攤販

可以品嘗到甜湯、
麵類等料理

到胡志明市最大的市場探索去

濱城市場
Cho Ben Thanh

位於胡志明市中心的室內市場。市場內聚集了販售食品、服飾、涼鞋、包包等商品的小型個人商店。享受逛街及殺價的樂趣，購入自己喜歡的伴手禮吧。

MAP 附錄P.9 A-4　　　　濱城市場周邊

所 Cho Ben Thanh, Q.1
図 胡志明市大劇院步行12分
營 7:00～21:00（視店鋪而異）
休 無休

濱城市場小攻略

1.價格為殺價制
基本上都需殺價，對話使用越南語。這裡會說日語和英語的人也很多，即使語言不通，也能用計算機進行交涉。

2.包包往前背
在狹小的通路上多會與人近距離接觸，很危險。為了防扒手，建議把包包背在前方。

3.沒有試衣間
每間店都沒有試衣間，要隱身在店內試穿。

4.可以使用美金
雖然價格比較高，但可以用美金付款，找錢大多會收到越南盾。

在濱城市場發現的小物！

殺價小技巧
可從店員報價的一半開始交涉，挑選多樣或使用越南盾付款都能成功。遇到不給殺價的店家就直接放棄。

繡有鞋子、貼身衣物等各種圖樣的束口袋 ☆

市場內有許多使用少數民族紡織物的雜貨商店 ☆

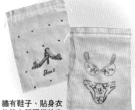

珠繡小包，貓咪和小魚等造型相當可愛 ☆

那這個價錢怎麼樣？

算便宜一點！

越式風格的花朵造型耳環和髮圈，讓人想一次打包好幾個 ☆

刺繡雜貨很適合送給女性朋友 ☆

半訂製涼鞋，可以選擇喜歡的木底和鞋帶 ☆

若有購買咖啡，也別忘了添購越南獨有的咖啡濾器 ☆

半訂製涼鞋的製作時間約10分鐘

帶有越式古典花紋的商品，市場內會比一般商店更齊全 ☆

濱城市場示意圖

很大！小心迷路

稍微有點味道

Le Thanh Ton街
北口

水果·花		水果·花
肉·魚		肉·魚
蔬菜水果		乾貨 水果 咖啡豆
攤販		攤販 綠香
米紙	民族商品	手工藝品店
雜貨用品	玻璃容器	
涼鞋·鞋類	黃金屬	化妝品 貼身衣物 布料
3 包包		布料 1
衣類		衣類

小吃區西口

攤販東口

很受遊客歡迎

南口（正面）
Le Loi街

市場內也有不二價的商店，通常會貼著寫有「Fixed Price」的紙張。

充滿法屬殖民地風情的街景……
遊逛殖民地式建築

曾經有「東方巴黎」之稱的胡志明市，
街道上有許多法國統治時期建造的殖民地風格建築。
遊逛美麗的建築，感受小巴黎的風情吧。

活動的門票可在
售票窗口購買

美好的
瞬間

❶使用法國建材，胡志明市的象徵 ❷平日5:30～、
17:00～會舉行彌撒。目前整修中，預計2025年底完成
❸內部的彩繪玻璃在越南戰爭時被破壞，現在為修復後
的樣子 ❹週末時，到處都有前來拍攝結婚紀念照的情
侶們 ❺可愛的奶油色外觀，同起街的地標

到底什麼是
殖民地式呢建築呢？

從19世紀後半開始，胡志明市（當
時稱西貢）一直處於法國的統治之
下。在這個法屬印度支那時期，法
國建築師所建造的眾多建築物，被
稱為殖民地式建築（法屬殖民地建
築）。拱形天花板、帶金屬工藝的
窗戶、漆上白黃色等鮮豔色系的外
牆，皆為代表性特徵。

Ⓐ 醒目的雙尖塔
19世紀建造的教堂

聖母大教堂
Nha Tho Duc Ba Sai Gon

引人注目的紅磚瓦及尖塔，新哥德
式建築的教堂。目前正在整修中，
預計2025年底完成。

MAP 附錄P.9 B-1　　　　同起街周邊

🏠 1 Cong Xa Paris, Q.1 🚶 胡志明市大
劇院步行10分 ☎ 028-38294822
🕐 整修期間不可入內參觀 休 無休
💰 免費參觀

Ⓑ 位於同起街上
遊逛的起點

胡志明市大劇院
Nha Hat Thanh Pho

統治時期設立作為歌劇院使用，如
今已成為時裝秀和活動的舉辦地，
是市民休閒娛樂的好去處。

MAP 附錄P.8 D-2　　　　同起街周邊

🏠 7 Cong Truong Lam Son, Q.1
🚶 濱城市場步行12分
☎ 028-38299976 🕐 視活動而異
休 無休 💰 視活動而異

胡志明博物館

展示已故胡志明主席的照片和紀念品等物品的殖民地式建築。原本是貿易公司，據說胡志明曾從此地出發前往法國留學。**MAP** 附錄P.6 F-4

點燈後也很美

6 晚上點燈後
7 內部不開放參觀
8 統一宮的總統司令室
9 提供約1小時的導覽行程
10 可在郵局購買到的郵票
11 外牆的裝飾相當精美

可參加導覽行程
入內參觀

有販售越式
風格的郵票

C 點燈後美麗動人
殖民地式建築的象徵

人民委員會大廳
Toa Nha UBND T.P.

以前是法國人的公共大廳，現在作為政府機關使用。

MAP 附錄P.9 C-2　　　　同起街周邊

🏠 86 Le Thanh Ton, Q.1
🚇 胡志明市大劇院步行3分
🕐 自由參觀（內部不可參觀）
💰 免費參觀

D 終結越南戰爭的舞台
廣闊又豪華的獨立宮殿

統一宮
Hoi Truong Thong Nhat

南越政權時期被稱為「獨立宮殿」，可參加導覽，入內參觀100多個大大小小的廳室。

MAP 附錄P.7 C-2　　　　統一宮周邊

🏠 135 Nam Ky Khoi Nghia, Q.1
🚇 濱城市場步行10分　📞 028-38223652
🕐 8:00～16:30（售票至15:30）　休 無休
💰 4萬VND～

E 美麗的黃色外觀
寶貴的文化資產

中央郵局
Buu Dien Thanh Pho

於19世紀末法國統治時期所建造，鑲著玻璃的天花板為古典的拱頂造型。

MAP 附錄P.9 C-1　　　　同起街周邊

🏠 2 Cong Xa Paris, Q.1
🚇 胡志明市大劇院步行10分
📞 028-38221677　🕐 7:00～19:00（週六至18:00、週日為8:00～18:00）　休 無休

中央郵局的入口處有電話亭。寫下對方的電話號碼並提交給櫃檯，就能撥打國際電話。

奢華地度過優雅時光
到別墅＆飯店做 Spa 放鬆一下

用便宜的價格就能享受胡志明市的Spa和美容沙龍。
到法式Villa或5星級飯店內的沙龍，
就能在豪華的空間悠閒享受療癒時光。

別墅Spa

1 腳底按摩專用座位，舒適的奢華感
2 使用有機產品進行全身按摩
3 可自由使用的游泳池
4 餐飲需事先預約

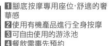

頂級的
奢華空間

建於1950年代的沙龍，外觀為優雅的白色。庭院內有露天平台和游泳池，能遠離喧囂的都市，放鬆身心。

在白色的Villa中享受幸福時光

L'Apothiquaire

優美的法式Villa沙龍。療程選擇非常豐富，推薦長時間的套裝方案。

MAP 附錄P.4 D-2　　　　　　　　　　胡志明市北部

🏠 64A Truong Dinh, Q.3　🚗 統一宮開車10分
📞 028-39325181　🕐 9:00～21:00　🈳 無休

Spa Menu

● Half Day Of Relaxtion ／ 4小時／340萬VND
包含身體、足部、臉部護理、餐點等行程

● Facial ／ 1小時／ 150萬VND
包含身體、臉部護理、美甲等行程

美容結束後如何上妝……？

進行臉部護理時需要卸除臉上的妝，但有些沙龍不會提供化妝道具。美容結束後想上妝的人，建議事先向店家確認是否有提供。

飯店Spa

到飯店內的Spa犒賞自己
Caravelle Kara Salon & Spa

使用Pevonia Botanica的產品進行療程，100％天然成分製作而成，敏感肌者也能安心體驗。需預約。

MAP 附錄P.8 D-2　　　　同起街周邊

🏠 7F, 19-23 Lam Son Sq., Q.1
🚇 卡拉維勒酒店內➡**P.90**　☎ 028-38234999
🕐 9:00～21:00　休 無休

頂級的奢華空間
沙龍位於胡志明市大劇院前的5星級飯店7樓，可以從進行療程的房間俯瞰同起街。

Spa Menu

- Cara Relaxtion／3小時／226萬5000VND
  包含臉部護理、身體、足部等全身按摩
- Foot Reflexology／1小時／79萬VND
  到足部專用的房間享受按摩

1使用有機產品「Pevonia Botanica」護理肌膚　2在專用的椅子上進行腳底按摩　3寬廣的Spa內部。結束後提供的招牌茶飲也很好喝

頂級的奢華空間
高級飯店內的古典空間，提供傳統的越式按摩，以及印度式按摩阿育吠陀等療程。

豐富完善的療程
Xuan Spa

以菊花、蘭花等植物命名的療程項目相當誘人，除了越式按摩，也有提供印度式按摩阿育吠陀的服務。

MAP 附錄P.8 D-2　　　　同起街周邊

🏠 2 Lam Son Sq., Q.1
🚇 西貢柏悅酒店內➡**P.90**
☎ 028-35202356　🕐 10:00～22:30　休 無休

1戶外露臺設有可以放鬆身體的按摩浴缸　2透過燃燒使罐內呈現負壓狀態，在皮膚上滑動以刺激穴道的拔火罐　3進行療程的房間十分寬敞舒適

Spa Menu

- BenTre Hydration／1小時／119萬5000VND
  推薦給乾燥肌者
- Xuan Signature Muscle Release／1小時30分／262萬VND
  著重於放鬆肌肉

除了頂級Spa，也很推薦便宜的市區按摩店➡ **P.76**及各種保養服務➡ **P.78**。

越南文化的象徵
「越南奧黛」

越南的民族服飾「奧黛」，亦有世界第一美的稱號。
Ao＝服飾，Dai＝長的意思，飄逸且優雅的曲線是其魅力所在，
來見識它美麗迷人的秘密吧。

Ao dai Collection

日常服

現代風

經典款

華麗風

採用中式衣領之褶的立領樣式

繪有蓮花的經典藍色上衣，給人華麗的印象

輕便的無袖上衣，涼感十足的領子也很好看

使用具有美麗光澤的上等絲綢製成

高級的絲綢材質和絢麗的顯色十分搶眼

強調曲線的合身剪裁是主要特徵

這裡隱約可以看到肌膚

兩邊開高叉，飄逸的上衣下襬顯現出優雅氣質

被稱為Quan的長褲。版型寬鬆，方便行動

當地氣候炎熱潮濕，故選用輕薄的布料製成。棉和聚酯纖維為首選材質。

越南奧黛的歷史

最初是18世紀中國清朝官服的簡化版。1930年左右，河內的藝術家進行了改良，演變成現在常見的款式。

顏色代表不同的意義

以前的日常服通常會穿藍色，未婚女性穿白色，已婚女性則穿紫色的奧黛。如今不管穿什麼顏色都OK。

越南奧黛基本上都是量身訂做 ☞P.34

中年女性的日常服「Ao Baba」

在越南，比Ao Dai更常見的是中年婦女穿的成套服飾「Ao Baba」。Ao Baba的意思是Ao（服飾）、Ba（數字的3），指的是由三塊布拼接而成。

\古典風/　\婚禮用/　\時尚風/　\成熟風/

袖子的透明感很涼爽，小花圖樣與淡淡的水藍色非常相襯

婚禮用奧黛，深紅色的布料上繡有金線

清爽的配色和蠟染花紋相當時髦

手工刺繡的花朵是主要重點。散發出沉穩的氛圍

穿著越南奧黛拍張變裝照如何？

1. 決定方案
一套可租用三天以上，根據旅遊的時間來選擇吧

2. 選擇樣式
從五顏六色的越南奧黛中尋找喜歡的款式很有趣

完成！

試穿後若是覺得不合適，可以重新選擇其他款式

3. 化妝＆髮型設計
備有方便妝髮的化妝區

眾多服務可以選擇
Ao Dai Hanh

位於市中心，開業超過10年以上的熱門店家。除了租借，也能量身訂做。從傳統到現代設計風格、婚禮用、男性用，眾多奧黛款式讓人看得眼花撩亂。租借15萬VND～

4. 到室外拍攝
除了觀光景點，還有許多適合與越南奧黛合影的街道，好好拍下每個瞬間吧

MAP 附錄P.7 C-3　　　　　濱城市場周邊

🏠6/3 Cach Mang Thang Tam 8,Ben Thanh, Q.1 🚇濱城市場步行9分 ☎0982-936339 🕐8:00～21:00 🈺無休

使用什麼材質製作？
胡志明市的氣候炎熱潮濕，通常會用涼衣的棉或聚酯纖維製作，正裝則是使用絲綢，或是絲絨。

何時會穿奧黛？
參加結婚典禮或正式場合時穿著，平常以普通服裝為主。高中生的制服是白色奧黛。

要搭配什麼鞋子？
越南女性會搭配有跟涼鞋或拖鞋來展現自己的風格。

要穿上訂做的越南奧黛時，需要穿著與測量時相同的貼身衣物，否則身材曲線可能會走樣。變胖當然也是NG！

訂製「自己喜愛」的特別商品

在越南，量身訂做衣服相當普遍，
街道上到處都是裁縫店，只要1～2天就能完成。
到知名的店家訂製喜歡的商品吧。

量身訂做越南奧黛吧

美麗的洋裝

優美的線條加上高級
絲綢散發出的光澤，
讓人一眼就愛上～

A

典雅的皇家藍洋
裝，華麗程度足
以成為全場焦點

精緻的圓擺
摺邊設計

A

帶有光澤的絲綢材
質，讓普通的洋裝
看起來更耀眼

美麗的越南
奧黛完成了

How To Order

1 決定樣式
參考目錄或樣本，
選擇想要的風格。

2 選布料
棉質和絲綢最多
人選，絲綢多用在
正式場合。

3 量尺寸
需丈量身體10處
以上，裙長和袖長
都能和店家討論。

完成！
專屬自己的越南奧
黛完成，試穿並確
認成品。

訂做小資訊！

若是普通的休閒風格，有些
店家隔天就能完成，但一般
工期多為2～3天。取件時可
能會需要微調，建議保留足
夠的時間。越南奧黛的訂做
工期也是一樣，價格為200萬
VND～。

同款商品也能訂做

帶著喜歡的衣服過去，店家就能製作出同樣的款式。請先確認店家是否接受自帶布料。

同款再一件！

化妝包的內襯約有12種，表布有100多種，還有多種尺寸可以選擇

A

原創小物

B

適合炎熱氣候的穿搭，花紋圖樣極具魅力

領口處附有絲帶的時尚襯衫

A

越南人的穿搭

可客製尺寸、小珠子、刺繡等細節的珠繡絲質束口袋

A

A

亞麻材質的手工刺繡包，內襯也能客製

A

自然舒適的碎花棉質襯衫

A

一個一個手工製作的針繡花邊髮圈

刺繡的圖樣和位置可自由選擇

這裡可以訂做

設計精緻的服飾和小物

Ⓐ FLAME TREE by ZAKKA

以設計和細膩工法著稱的裁縫店。除了洋裝，也可訂做小物或越南奧黛，服務項目非常豐富。

MAP 本書P.83　　　　　　　　　草田區

所 14 Tran Ngoc Dien, P.Thao Dien, Thu Đuc 図 胡志明市大劇院開車20分 ☎ 070-3134714 營 10:00～16:00 休 週二、三 價 量身訂做US$48～（襯衫），US$78～（洋裝）

品味十足的波希米亞風

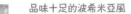

Ⓑ Soul BOHOSTYLE

位於寧靜的街道上，集結多種波希米亞風服飾和民族風雜貨的店。店內還有親人的店貓。

MAP 本書P.83　　　　　　　　　草田區

所 52 Đuong so 4,Lang Bao Chi,P.Thao Đien,The Đuc 図 胡志明市大劇院開車30分 ☎ 090-6539002 營 9:00～20:00 休 無休 價 量身訂做70萬VND ～

「KiTO」 ⮕ P.70也有提供訂做服務，老闆夫妻會說日語。

胡志明市的夜晚
盡情享受當地的人氣市場

當白天強烈的陽光緩和下來，夜幕降臨時，就是夜遊的時間。
逛逛夜市攤位，品嘗攤販美食和喝杯啤酒，欣賞精彩的表演。
以下將介紹越南人最喜歡的夜生活。

像廟會一樣熱鬧

每個攤販都設有座位區，可直接坐下享用

攤販美食和啤酒是絕配！

射飛鏢

用飛鏢將氣球射破，全部射破可以拿到獎品。

LIVE 演唱

當地的年輕人會在現場演唱。

用攤販小吃乾杯！

1 使用椰子殼容器盛裝的糯米椰子冰，kem xôi dừa 35000VND
2 涼拌米紙，bánh tráng trôn 25000VND
3 芽莊特產越式竹輪，1根2萬VND～

位於重劃區的新夜市

Grand Park Food
Night Market

2022年12月開幕。攤販沿著位於正在打造的 Vinhomes Grand Park內的公園排列。每天都有營業，除了美味小吃，還有LIVE演唱、射飛鏢等娛樂，不論大人小孩都能盡情享受。

MAP 附錄P.4 F-1　　　　　　　　　　　胡志明市北、東部

所 RRQV+WX,Long Binh,Q.9,Thanh Pho
交 胡志明市大劇院開車50分　営 17:00～24:00　休 無休

體驗各種風格的藝術♪

感受滿滿魄力的現代藝術

Ben Nghe Street Food Market

整裝新開幕的半室內美食廣場，攤販和座位區都很乾淨。牆上有各式各樣的藝術壁畫，非常時尚，不習慣在地市場的人也能玩得盡興。

MAP 附錄P.9 A-2　　同起街周邊

🏠 134 D.Nam Ky Khoi Nghia,Ben Nghe,Q.1
🚶 統一宮即到
🕐 9:00～24:00
🚫 無休

從街頭藝術般的風格，到色彩繽紛的越南風景、街景等滿滿的創意插畫

即將開幕

今後也有許多即將開幕的店，或許會有新的發現

除了越式法國麵包、河粉等招牌越南料理，也有泰式料理和披薩。自由挑選想吃的美食吧

雖然「Hanh Thong Tay市場」距離市中心約需30～40分的車程，但非常值得前往。

花毯和街頭小吃
Ho Thi Ky Market

此為花卉批發市場，擁有100多家販售鮮花和花類相關雜貨的商店。不論早晚都有營業，有著「不眠花卉市場」的稱號。附近有街頭小吃，是只有當地人才知道的美食樂園。

MAP 附錄P.5 C-3　胡志明市南部

🏠 52 Ho Thi Ky,Phoung 1,Q.10
🚗 濱城市場開車15分
🕐 24小時營業 🚫 無休

花卉和美食的樂園！

也有人造花

有來自中部名產地大叻的鮮花和人造花

滿滿的海鮮市場入口處的時尚霓虹燈招牌和壁畫藝術

滿滿的海鮮

有許多販售龍蝦、扇貝等海鮮類的攤販，能品嘗新鮮現烤的美味。

也有甜點喔

添加番茄的可愛烤點心

看起來很美味的蛋塔

很快就好

接到點餐後，有的店家會豪邁地使用噴槍炙燒

暗黑料理

Hột Vịt Lộn（鴨仔蛋）

把即將孵化的蛋拿去水煮的地方特色料理，含有豐富的營養，是孕婦的食補聖品。

避免食用生海鮮

雖然海鮮類的攤販很常見，其中也有販售壽司等生海鮮的攤位，食用後很有可能會吃壞肚子，建議避開為佳。

也有能享受夜晚的餐廳

炎熱的天氣就是要喝生啤酒

坐滿越南人的啤酒餐廳
Gammer Beer

越南少數能喝到捷克生啤酒的店。菜色以海鮮料理為主，也有生春捲、香腸等下酒菜。

MAP 附錄P.7 C-1
同起街周邊

- 🏠 107 Pasteur, Q.1
- 🚶 統一宮步行4分
- 📞 028-38248619
- 🕐 9:00〜23:00
- 🚫 無休

1 店內空間非常寬敞，也有開放式的座位
2 貝類海鮮的種類相當豐富
3 黑啤酒39000VND〜。炒空心菜78000VND

享受越南料理和傳統舞蹈
Hoa Mai Restaurant

位於麗士酒店內的表演主題餐廳。每晚19點30分開始的表演，會有使用獨特的民族樂器演奏音樂，以及精采的民族舞蹈。

MAP 附錄P.9 C-3 　　　　同起街周邊

- 🏠 5F, 141 Nguyen Hue, Q.1
- 🚶 麗士酒店內 ➡ P.89 📞 028-38292185
- 🕐 16:00〜22:00
- 🚫 無休 🍽 晚餐55萬VND〜

鑑賞越南傳統舞蹈與音樂

1 使用打擊樂器、太鼓和擁有1000年以上歷史的獨弦琴演奏　**2** 巧妙轉動編織傘的斗笠舞很有名　**3** 享用越南的傳統料理　**4** 根據舞蹈的不同，舞者的服裝也會更換

夜市的魅力在於，不論美食或服飾都能以便宜的價格購入。推薦給喜歡購物的女性朋友。

觀看越南的傳統技藝「水上木偶戲」

「水上木偶戲」是越南自12世紀開始傳承下來的傳統技藝。最早是作為農民們的娛樂，一般會在收穫祭或舉行儀式時表演。內容描繪農民的日常生活、龍或獅子等動物登場的傳說故事。每段演出都很短，就算聽不懂也能享受其中。要不要試著沉浸在越南傳統的滑稽木偶世界之中呢？

購買木偶當伴手禮如何～？

《凱旋歸國》的某個橋段。木偶的細緻動作和傳統服飾都很吸引人。

木偶的聲音和音樂是由舞台旁的人員負責，能夠增添舞台效果。

以還劍湖為主題的故事。船漂浮的水舞台就像是真正的湖一樣。

金龍水上木偶劇院
Nha Hat Mua Roi Nuoc Rong Vang

MAP 附錄P.7 C-2　　　　統一宮周邊

🏠 55B Nguyen Thi Minh Khai, Q.1
🚶 統一宮步行7分　☎ 028-39302196
🕐 週二、五、日18:30～（演出時間45分）
🚫 週一、三、四、六　💰 30萬VND

最後操演木偶的工作人員會從舞台後方登場，向觀眾打招呼

Program

1. 升任祭典的旗幟
2. Teu的序曲
3. 龍舞（4隻噴火龍共舞）
4. 水牛與吹長笛的孩童
5. 農村生活
6. 抓青蛙
7. 養鴨和捉狐狸
8. 釣魚
9. 獅舞
10. 不死鳥（鳳凰）舞
11. 黎利王在還劍湖的神話傳說
12. 水中嬉戲
13. 賽船
14. 獅子玩球
15. 仙女舞
16. (龍、獅子、鳳凰、神龜) 4聖獸之舞

※以上為2023年5月時的內容

不可錯過的
道地越南料理

除了大家熟悉的春捲和河粉，

越南還有不少好吃又健康的料理。

可以享用到融合法式和中式元素的各種風味。

高級的店也不錯，但偶爾嘗試當地的小吃店或攤販，也是旅行的醍醐味。

品嘗各式料理，發掘自己的美食新歡吧。

令人上癮的越南料理！
美味的祕訣在這裡

以米食為主的越南料理也很適合台灣人。
新鮮的食材、種類豐富的香草、米製品和風味獨特的調味料等，
以下將介紹能帶來完美味覺平衡的美味配料。

最具代表性的
越南料理，
生春捲！

1 被山川圍繞的河內是食材的寶庫 2 可以品嘗到較為少見的香草 3 麵的種類非常豐富。將米、綠豆等當作原料製作

越南作為中國的殖民地約1000年的時間，而19世紀末開始，又作為法國的殖民地約100年左右。因此，受到中國的影響，越南料理基本上以米為主食，而法國帶進的胡椒、肉桂等香料，則是讓口味變得更加多元。

祕訣 1 加入料理的 各種香草

香草和越南料理有著密不可分的關係。
添加香菜、羅勒、薄荷等各式各樣的香草，
以增添料理的風味。

香菜

中文是香菜，泰文是Pak Chi。擁有獨特的香氣，通常使用於麵類、沙拉或熱炒。

Ngò rí

長香菜

葉緣呈現鋸齒狀的香草，香氣與香菜相似，會加入河粉或酸湯中。

Ngò gai

蒔蘿

通常加入魚湯或番茄湯，用來去除魚或貝類的腥味。

Thìa là

羅勒

帶有淡淡的甜味和鹽味，通常用於米紙料理或河粉等麵料理。

Húng quế

薄荷

散發清爽的香氣，在台灣也很常見。配有大量生菜的料理中，一定少不了它。

Bac hà

紫蘇

一面是青綠色，一面是紅色，日本紫蘇就像是它的中間色。通常放入沙拉等生食料理之中。

Tía tô

魚腥草

帶有強烈的香氣和淡淡的酸味，若和其他香草一同食用，味道會更為濃郁。

Diếp cá

蓼

具有殺菌作用，常當作佐料。除了貝類料理，南部也會放進沙拉中。

Rau răm

酸甜辣醬會影響店家的風味

魚醬的一種，以魚露為基底，混合辣醬、大蒜等製成的酸甜辣醬。這個味道能增添料理的風味。

1 內有大蒜和番茄　**2** 加入花生的甜豆醬　**3** 內含辣椒的辣味醬　**4** 鹽巴、胡椒、萊姆　**5** 內含薑末和辣椒　**6** 味道臭鹹（鹽辛）　**7** 適合搭配肉料理，內有大蒜和辣椒　**8** 加入辣椒的醬油

祕訣 2　米、澱粉、綠豆⋯⋯深奧的麵類世界

越南和台灣一樣，都是以米為主食，能品嘗到使用米粉製作的河粉、米線、米紙等不同口感的食材。
除了米原料，也有綠豆製成的麵。

祕訣 3　豐富的調味料是影響最終風味的關鍵

魚醬的魚露、蝦醬等，越南有許多風味獨特的調味料，讓料理的味道變得更有深度。也有許多在台灣很難買到的調味料。

河粉

使用米粉製成的寬麵。口感滑嫩柔軟，但由於採用蒸煮的方式，故較無嚼勁。

Phở

米線

用輕發酵的米壓榨成的麵。不論麵料理、生春捲或湯類都能使用的萬能麵。

Bún

米紙

將米粉倒入水中溶解並風乾，可以包入料理或蔬菜一同享用。

Bánh Tráng

高樓麵

在米粉中加入鹼性水後攪拌、蒸煮、分切，口感十分彈牙有嚼勁。

Cao lầu

魚露

用小魚發酵的魚醬，和泰國魚露味道相似。

Nước mắm

辣椒醬

添加辣椒的辣調味料，和河粉的配料也很搭。

Tương ớt

越南大豆醬油

以大豆為原料，加入砂糖、辛香料的越南醬油。

Xì dầu

蝦醬

糠蝦（小型蝦）醬，因發酵而帶有臭味，通常與豬肉搭配食用。

Mắm ruốc

寬粉條

原料與河粉相同，蒸煮之前會加入蔗糖漿，麵體呈現咖啡色。

Bánh da đỏ

冬粉

由綠豆製成的越式冬粉。顏色呈現半透明，口感較日本的冬粉來得有嚼勁。

Miến

胡椒

香氣濃烈的越南產香料，整粒使用或於食用前磨成粉。

Tiêu

羅望子

酸味強烈的豆科植物，通常用於酸甜料理，酸味與梅干相似。

Me

細米粉

南越的半乾麵。使用米粉製成，因曬乾而帶有嚼勁。

Hủ tiếu

米苔目

在米粉中加入樹薯粉製作而成，口感Q彈。

Bánh canh

不喜歡香菜的人，可以用越南語「Dung cho rau Ngo ri」表示。使用英語「No coriander」通常也都能通。

與胡志明人一同品嘗
在地人氣料理

喜歡吃美食的越南人。
以美味而聞名的餐廳人潮總是絡繹不絕。
以下介紹幾間在胡志明市廣受歡迎的排隊餐廳。

有嚼勁的麵條
搭配豬骨湯

金邊粿條
Hu Tieu Nam Vang
65000VND～

源自於柬埔寨的料理，Q彈的麵條與湯頭十分相配

有客製化菜單！

乾拌金邊粿條
65000VND

鍋巴和蔥花
堪稱絕配！

西貢鍋飯
Com Dap
51000VND

鍋巴飯上淋有大量蔥油及魚露。

catch!!

使用店裡的瓦鍋製作，
口感很酥脆喔！

源於柬埔寨的南部當地麵食

Hu Tieu Nam Vang Thanh Dat

店內有6種不同類型的金邊粿條（南洋）。可選擇乾或湯，湯頭特別用豬骨、大蝦和小魚乾熬煮而成，初次品嘗的人建議選擇有湯。

MAP 附錄P.7 C-4

范五老街周邊

🏠 239 Pham Ngu Lao, Q.1 🚇 濱城市場步行15分
📞 093-9623871 🕐 24小時 🚫 無休

品嘗飛舞極品鍋巴

Com Nieu Saigon

招牌菜是用瓦鍋烹煮的鍋巴飯，店員在店內拋接鍋巴飯的表演相當受到歡迎。有將近300種菜單可以選擇。需預約。

MAP 附錄P.4 D-2

胡志明市北部

🏠 27 Tu Xuong, Q.3 🚇 統一宮開車9分
📞 091-301728 🕐 6:00～23:00 🚫 無休

在胡志明市挑戰爆紅的羊肉火鍋！

最近名為Lẩu Dê的羊肉火鍋，受到許多胡志明市的年輕人歡迎。使用的羊肩肉和羊乳意外沒有很濃的騷味，吃起來非常柔軟，很清爽。

酥炸軟殼蟹
Cua lot chien bot
30萬VND（4隻）

連殼一同享用的軟殼蟹

炸得金黃酥脆的螃蟹，蟹膏會從裡面流出

用螃蟹炒飯做結尾

滿滿螃蟹肉的美味螃蟹炒飯
20萬VND

蝦味飽滿的極品料理

椰汁蒸蝦
Tom Su Hap Trai Dua
82000VND／100g

最受歡迎的椰汁蒸蝦（圖為2～3人份）

蒸螃蟹也不能錯過！

很熱門的蒸螃蟹（時價），享受鮮蝦和螃蟹的美味饗宴

品嚐熱門的螃蟹料理

Mien Cua 94

非去不可的螃蟹料理名店。用平實的價格就能享受到酥炸軟殼蟹、螃蟹炒飯等多種螃蟹料理。

MAP 附錄P.4 E-1　　　　　　胡志明市北部

🏠 94 Dinh Tien Hoang, Q.1 🚇 胡志明市大劇院開車10分
📞 028-38258633 🕐 9:00～21:00 ❌ 無休

海鮮愛好者就來這裡！

NS Ben Thuyen

1955年創業的老字號餐廳。點完餐後，海鮮會現撈現煮，用新鮮食材簡單烹調的料理十分美味。需預約。

MAP 附錄P.4 D-1　　　　　　胡志明市北部

🏠 11 Nguyen Van Troi, Q. Phu Nhuan 🚇 統一宮開車11分
📞 0909-886058 🕐 10:00～22:00 ❌ 無休

適合女子聚會的花鍋 ➡ **P.49**。將海鮮及鮮花一同燉煮的南部料理，不僅好看也好吃。

與胡志明人一同品嘗
在地熱門料理

濃縮了雞肉的精華

🐓 雞飯
Com Ga
12萬5000VND

由整隻雞慢慢蒸煮而成

我對自家的雞肉軟嫩度很有自信，一定要來嘗試看看

淋上薑汁，品嘗用雞湯煮出來的米飯

堪稱極品的雞汁飯和蒸雞肉

Quan Com Ga Thuong Hai

熱門的雞飯店，門口掛著一排令人垂涎欲滴的烤雞。吸飽了雞汁香氣的飯和肉質鮮美的蒸雞肉非常美味。附湯也很好喝。

MAP 附錄P.7 B-1　　　　　　統一宮周邊

所 21-23 Vo Van Tan, Q.3　交 統一宮步行10分
☎ 190-00091　營 10:00～21:00　休 無休

甜辣醬是受歡迎的秘訣

🐄 鐵板牛排
Bo Bit Tet
10萬5000VND

牛排附有荷包蛋、肉丸等配料，分量十足

光線明亮的開放式座位區，當地顧客絡繹不絕

配餐豐富，物超所值

Bo Bit Tet Nam Son

使用甜辣醬醃漬過的越南牛肉十分彈牙有嚼勁。牛排相當有越南特色風格，除了用鐵板裝盛的牛排，還會附上薯條、沙拉和越式麵包。

MAP 附錄P.7 B-2　　　　　　統一宮周邊

所 200 Bis Nguyen Thi Minh Khai, Q.3　交 統一宮步行12分
☎ 028-59303917　營 6:00～22:00　休 無休

湯類也務必嘗試

在越南，吃飯時一定要有湯。尤其在氣候炎熱的胡志明市，人們更偏好酸辣清爽的口味。加入番茄的辣湯「酸湯Chanh Chua」，和滿滿海鮮的「海鮮湯Chanh Hai San」都相當受歡迎。

> 自然的甜味在口中蔓延

越式滷肉
Thit Heo Kho Nuoc Duo
13萬9000VND

帶有椰子水甜味的滷肉在口中化開

> 這個也是熱門餐點

受歡迎的螃蟹炒冬粉
18萬1500VND

越南人打包票的庶民美食
Hoang Yen

集結越南全國各地菜色，尤其家常菜最好評。午餐時刻，許多當地人會到此品嘗口味偏甜的南部風味。

MAP 附錄P.8 F-3　　　同起街周邊

🏠 7 Ngo Duc Ke, Q.1　🚶 胡志明市大劇院步行8分
📞 028-38231101　🕐 10:00～22:00　休 無休

> 更貼近在地生活

大眾食堂

越南的小吃店和大眾食堂內，經常會排列著約20～30種在地料理，只要用便宜的價格就能享受庶民美食。

點餐方式介紹！

1 從櫥窗內排列的料理中選擇想吃的食物　→

2 找到空位坐下後，店員會前來詢問要點的飲品

> 例如這道菜！

受歡迎的菜色可能會售完。蔬菜為1萬VND～，肉和魚為5萬VND～。白飯（5000～2萬VND）通常會搭配湯類12000VND～。

3 用餐完畢後，店員會提供帳單，請記得確認內容是否有誤。

享用種類豐富的家常菜
Dong Nhan Com Ba Ca

> 人氣店就在這裡

大眾食堂內排列著多達40～50種料理，主要是以北越的家常菜為主。店內多為年輕店員，氣氛充滿活力與朝氣。

MAP 附錄P.7 C-3　　　濱城市場周邊

🏠 42 Truong Dinh, Q.1　🚶 濱城市場步行3分
📞 028-38221010　🕐 9:00～14:00、16:30～21:00　休 無休

濱城市場周邊會出現各式各樣的攤販，也許能有不一樣的味蕾體驗。

胡志明市必吃3大南部料理！

位於南部的胡志明市，因氣候溫暖而盛產各種蔬菜和水果，
可以品嘗到使用多種食材製成的甜辣料理。
和越南人一同享受當地特有的美味吧。

越南煎餅
Banh Xeo

由米粉、雞蛋、椰奶混合製成的餅皮，包著鮮蝦、絞肉、蔬菜的越式什錦燒

可以看到越南煎餅的製作過程

什麼是南部料理？

由於氣候較為悶熱，故料理多使用大量的砂糖和香料，口味以甜辣為主。添加大量香草和生菜也是南部的特色。

皮
極薄的米粉製餅皮相當酥脆。黃色的外觀源於薑黃粉

醬汁
以醋和魚露為基底的醬汁，稱為「酸甜辣醬」

蔬菜
包進越南煎餅的芥菜、紅生菜等蔬菜

令人感動的分量和味道！
有歷史的越南煎餅專賣店

Banh Xeo 46A

在門口用平底鍋煎烤的越南煎餅，香酥的餅皮搭配清脆的豆芽菜，堪稱極品。招牌菜是鮮蝦越南煎餅18萬VND。

MAP 附錄P.4 D-1

胡志明市北部

所 46A Dinh Cong Trang,Q.1
交 統一宮 開車10分 電 028-38241110 營 10:00～14:00、16:00～21:00 休 無休

配料
鮮蝦和豆芽菜是常見配料，也會添加綠豆和洋蔥

豆芽菜

綠豆

蝦仁

越南煎餅的吃法

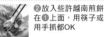
❶取幾種不同的蔬菜和香草，疊放在萵苣等較大的蔬菜上

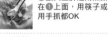
❷放入些許越南煎餅在❶上面，用筷子或用手抓都OK

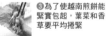
❸為了使越南煎餅能緊實包起，葉菜和香草要平均捲緊

❹搭配醬汁享用，很多人會用手取代筷子直接吃

可以品嘗到在開放式廚房現烤的越南煎餅

這個也很推薦
包著鮮蝦和蔬菜的Goi Cuon（生春捲）10個 18萬VND

越南人很喜歡火鍋

在越南，不管什麼季節，聚會時都會吃火鍋。除了花鍋，還有海鮮鍋、涮涮鍋、菇菇鍋和羊肉鍋。

碎米飯
Com Tam

將碎米煮熟後，與各式各樣的配菜盛裝在一個盤子內的特色料理

醬汁
在魚露中加入辣椒，呈現微辣的越南風味

配料
除了適合搭配米飯的豬肉，還有豐富的蔬菜

也有這種配菜

糖醋花枝炒鮮蔬

蟹蒸蛋

蒜炒青菜

碎米飯
用碎稻米煮熟的碎米飯，剛煮好時質地細膩，讓人充滿食慾

美味白飯和豐富配菜

Com Tam Thuan Kieu

廣受好評的白飯，以及50種以上的配菜。在胡志明市擁有7間分店以上，充滿活力的熱門店家。可以品嘗到烤豬肉62000VND等多種菜色，以及碎米飯。

MAP 附錄P.7 B-4　　　范五老街周邊

所 24-26 Ton That Tung, Q.1　交 濱城市場開車5分
電 028-39250935　營 6:00～21:00
休 無休

店內的黃色牆壁很引人注意。提供剛煮好的白飯

花鍋
Lau Hoa Tom Cang

將大大小小的花朵和海鮮類一起燉煮的火鍋料理，稍微帶有苦味的花和酸甜湯很搭

湯頭
除了羅望子的強烈酸味，還帶有淡淡的甜味

麵
內有米線（Bun），分量十足！

配料
包含南瓜花、韭菜花等數種花類

外國人也經常光顧的新開火鍋專賣店

Lau Mam TYTY

2023年3月開幕的火鍋專賣店。火鍋湯頭是用湄公河的魚發酵而成，鮮味十足。光顧的外國人很多，服務態度親切。

MAP 附錄P.7 B-4　　　Le Lai街周邊

所 158 Le Lai,Ben Thanh Q.1
交 濱城市場步行13分
電 090-3177925
營 9:00～23:30　休 無休

店內外都很乾淨整潔，門口的人物是地標。

碎米飯也有醃漬物、湯類、水果等配菜，需注意的是，這些都需要額外付費。

濃厚布丁、奶昔、冰淇淋……
令人著迷的越南甜點

使用新鮮食材和法國食譜製作的越南甜點。
古早味布丁、特色奶昔、消暑的冰淇淋，
以下將介紹在地人也經常光顧的美味甜點店。

布丁
Bánh Flan
使用煉乳製成的濃厚布丁是胡志明市的招牌甜點。

古早味♥
一次就能吃掉2～3個

焦糖烤布丁
Baked Crème Caramel
45000VND

搭配芒果醬一同品嘗，水果風味很受歡迎
Au Parc ➡P.54

越南布丁
Banh Flan
18000VND

使用農場直送的新鮮雞蛋，口感滑順

越南布丁
Banh Flan
4萬VND

上面有酸甜的草莓點綴，滿滿的焦糖醬，入口即化

越南布丁
Banh Flan
11萬VND

蛋香濃郁的布丁，柔和的焦糖風味
Hoi An Sense Restaurant
➡P.56

用新鮮食材製作的柔滑布丁

Ⓐ Kim Thanh

在地簡樸咖啡廳，使用簽約牧場直送鮮奶製成的小布丁和優格都很受歡迎。絲滑的口感加上濃郁香氣，連越南人也讚不絕口。

MAP 附錄P.4 E-2　　　　　　同起街周邊

🏠 4 Le Van Huu, Q.1　🚇 胡志明市大劇院步行13分
☎ 028-38293926　🕐 7:00～16:00（週六、日至～14:00）　㊡ 無休

隱蔽在公寓內的咖啡廳

Ⓑ She Cafe

位於老舊公寓二樓的時尚咖啡廳。店內採用間接照明，營造出悠然的氛圍，可以坐在沙發上享受悠閒的時光。

MAP 附錄P.9 B-2　　　　　　同起街周邊

🏠 158D Pasteur, Q.1　🚇 胡志明市大劇院步行9分
☎ 0868-512786　🕐 9:00～22:30　㊡ 無休

部分店家會收取擦手巾和茶水的費用

和台灣不同，越南部分店家的擦手巾和茶水需另外付費。Kem Bach Dang ➡ **P.25**的擦手巾約為2000VND。建議若不需要就不要使用。

不可錯過的道地越南料理／布丁、奶昔、冰淇淋

奶昔
sinh tố

將水果、煉乳和冰塊一起放入果汁機攪拌的清爽飲品。

C

奇異果&草莓
Kiwi & Strawberry
5萬VND

上方有切塊的草莓和奇異果，甜味和酸味恰到好處，喝起來很清爽

C

芒果
Mango
3萬VND

使用芒果做成的奶昔，裡面有果肉

D

椰子冰淇淋
Kem Cocconat
5萬VND

放入糯米飯、南瓜、玉米粒的椰子冰淇淋

冰淇淋
Kem

冰淇淋在氣候悶熱的胡志明市非常受歡迎。

D

竹炭椰子冰淇淋
Kem Voi Tham
6萬VND

創新的竹炭風味。可以用湯匙刮除椰子殼容器內的椰肉享用

背包客的愛店

C FIVE BOYS NUMBER ONE

開在小巷內的奶昔專賣店，約有30種水果和蔬菜可選，奶昔都是現點製作。

MAP 附錄P.7 C-4　　　　　　　　范五老街周邊

🏠 84/5 Bui Vien,Q.1 🚇 濱城市場步行15分
📞 078-9882290 🕐 9:00～19:00 🚫 無休

在社群上很受越南女性歡迎

D CA-REM

椰子冰淇淋專賣店，使用湄公河三角洲產的椰子，並在店內製作。點餐會贈送椰子汁。

MAP 附錄P.7 A-2　　　　　　　　統一宮周邊

🏠 191 Cach Mang Thang,P.4,Q.3 🚇 統一宮步行15分
📞 0933-247799 🕐 12:00～22:00 🚫 週一

Kim Thanh內與越南布丁排列在一起的優格15000VND也很受歡迎。

享用美味的「越南咖啡」

你知道越南是世界上第2大的咖啡產地嗎？
或許是因為如此，越南人經常會喝咖啡，
享受一下不同於台灣的越南咖啡世界吧。

越南咖啡的故事

咖啡文化是法國統治時期留下來的其中一項伴手禮，使用法式咖啡濾器一杯杯沖泡，是越南咖啡的一大特色。由於直接喝味道較重，因此一般會倒入已添加煉乳的玻璃杯中飲用。沖泡時間約5分鐘。

4種咖啡種類

咖啡的飲用方式可選擇冰的或熱的，以及加煉乳或不加煉乳，共有4種。咖啡豆一般是使用苦味較重的羅布斯塔種，有些咖啡廳也有香氣較強烈的阿拉比卡種或風味咖啡供選擇。

令讓人上癮的濃郁滋味

Cà Phê Đen Nong
熱的黑咖啡

Cà Phê Sữa Nóng
加了煉乳的
熱牛奶咖啡

Cà Phê Đen Đá
冰的黑咖啡

Cà Phê Sữa Đá
加了煉乳的
冰牛奶咖啡

越南咖啡的製作過程～冰牛奶咖啡篇～

在杯中加入煉乳，將咖啡粉放入濾器中。

▶

用內蓋壓住咖啡粉，注入少許熱水燜蒸。

▶

注入熱水直到超過內蓋後，蓋上外蓋。

▶

沖泡完成後，將外蓋倒過來放置濾器。

▶

將香醇濃郁的熱咖啡和煉乳攪拌均勻。

▶

倒入放有冰塊的玻璃杯中，冰牛奶咖啡就完成了。

胡志明市的連鎖咖啡廳

胡志明市有越來越多可以品嘗到美味咖啡的連鎖咖啡廳，其中最知名的是PHUC LONG，光同起街周邊就有好幾間分店，何不拜訪一次看看呢？

以咖啡而聞名的咖啡廳享用呢

結合超市的時尚咖啡廳

Annam Gourmet Market

推薦菜單
冰咖啡
Ice Coffee
3萬VND

提供義式濃縮咖啡、卡布奇諾等多種選擇。搭配招牌甜點一同享用也很不錯。

MAP 附錄P.8 E-2　同起街周邊

🏠 16-18 Hai Ba Trung, Q.1
🚶 胡志明市大劇院步行4分
☎ 0902-668876
🕐 7:00～21:00　🈂 無休

❶2樓是咖啡廳，1樓是販售各國食材的店
❷紐約起司蛋糕65000VND

享受自家烘焙的精品咖啡

The WORKSHOP

推薦菜單
卡布奇諾
Cuppuccino
8萬VND

可以品嘗到使用大叻產的阿拉比卡種所製成的咖啡，能根據喜好選擇咖啡豆和沖泡方式。

MAP 附錄P.8 F-4　同起街周邊

🏠 2F, 27 Ngo Duc Ke, Q.1
🚶 胡志明市大劇院步行8分　☎ 028-38246801　🕐 8:00～21:00　🈂 無休

❶設計師也經常光顧的優雅空間
❷味道醇厚的拿鐵8萬VND

使用國產咖啡豆，香氣十足的咖啡

Runam Boutique Vincom Dong Khoi

推薦菜單
冰牛奶咖啡
Ca Phe Sua Đa
9萬5000VND

這裡有從農地到種植方式都很講究的精品咖啡，可以享受咖啡豆最原本的風味。

MAP 附錄P.9 C-1　同起街周邊

🏠 B2F Vincom Center Shopping Mall, 72 Le Thanh Ton,Q.1
🚶 Vincom Center➡P.87
☎ 028-38222198
🕐 9:00～22:30
🈂 無休

❶開放感十足的挑高式設計
❷散發優雅香氣的熱咖啡85000VND

懷舊風格的老字號咖啡廳

Ciao Café

推薦菜單
冰牛奶咖啡
Ca Phe Sua Da
8萬5000VND

2023年6月開幕的新店鋪，可以同時品嘗到越南和義大利咖啡的咖啡廳。

MAP 附錄P.8 D-3　同起街周邊

🏠 74-76 N. Nguyen Hue,Ben Nghe, Q.1　🚶 胡志明市大劇院步行3分
☎ 090-9645023　🕐 7:00～22:00
🈂 無休

❶下方的卡布奇諾85000VND，提拉米蘇7萬VND
❷推薦有綠色植物的露天座位，非常舒服

令人想久待的咖啡廳

因散步或購物而略感疲憊的午後，
不妨到法式或現代風格的咖啡廳小憩片刻。
也別錯過蛋糕、可麗餅等甜點。

甜點 **→P.50**也很推薦

推薦菜單

土耳其烤肉
Thurkish Kebabs
23萬5000VND

奶昔
Smoothie
7萬VND

■2樓採法式風格，室內光線充足 ■2木製餐桌營造出溫暖的氛圍 ■3除了烤羊肉串，還有雞肉、牛肉等烤串可以選擇

每層樓都有不同的氛圍

Au Parc

1樓的裝潢為優雅別緻風，2樓為法式＆摩洛哥風，可根據當天的心情選擇喜歡的空間。展現食材原味的地中海、中東料理很受歡迎。

MAP 附錄P.9 B-1　　　　　同起街周邊

囧 23 Han Thuyen Q1 囜 統一宮步行4分
☏ 028-38292772 囵 7:30～23:00
囮 無休

舊鴉片工廠變身成精緻咖啡廳

French Bistro & Wine bar

由法屬時期的鴉片工廠改裝而成的時尚咖啡廳。拱形窗框、挑高式天花板等殖民地風格設計，令人感到舒適放鬆。店內販售的各種麵包，以及冰淇淋、蛋糕、優格等自製甜點都廣受好評。

MAP 附錄P.8 E-2　　　　　同起街周邊

囧 74 Hai Ba Trung, Q.1 囜 胡志明市大劇院步行3分 ☏ 028-38230509
囵 11:00～23:00 囮 無休

推薦菜單

冰牛奶咖啡
Ca Phe Sua Da
5萬VND

冰咖啡
Ice Coffee
7萬5000VND

■1綠意盎然的露天咖啡廳。遠離城市的喧囂，悠閒享受 ■2光線充足的店內 ■3嫩肩牛排搭配法式焗菜的「Café de Paris」35萬VND

在咖啡廳享用越南茶

喝完咖啡或用完餐後，胡志明市的咖啡廳會免費提供茶飲。種類視店鋪而異，有綠茶、茉莉花茶、菊花茶、蓮花茶等，會用茶壺或玻璃杯盛裝端出。

創立於越南的人氣巧克力咖啡廳

MAISON MAROU

由兩位法國人所創立，國際知名巧克力品牌的咖啡廳&商店。選用越南的優質可可豆製作而成。

MAP 附錄P.6 D-3　　濱城市場周邊

用 167-169 Calmette, Q.1　交濱城市場步行5分　電 028-73005010
時 9:00～22:00 (週五～日至23:00)
休 無休

推薦菜單

閃電泡芙
7萬VND

番椒肉桂可可
CHILLI CINNAMON
9萬VND

1可以在工作室中參觀巧克力的製作過程 2Paris Saigon 11萬5000VND(前)和Signature Marou 9萬VND(後)

室內用雜貨點綴
沉浸在獨特的懷舊感

Cong Caphe

起源於河內的連鎖咖啡廳。店內展示了政治宣傳藝術品和復古小物，重現河內古老而美好的時光。豐富的飲品菜單廣受好評。

1磚牆上的現代復古風裝飾很有時尚感
2多種飲品可供選擇
3位於Yersin街的轉角處，軍綠色外觀是店鋪的象徵
4酸味和苦味相互平衡的優格咖啡45000VND(右)，以及椰子咖啡(左)65000VND

推薦菜單

果汁(9種)
Fruit Juice
49000VND～

椰奶咖啡奶昔
Coconut Milk Coffee Smoothie
6萬5000VND

MAP 附錄P.6 D-4　　濱城市場周邊

用 93 Yersin,P. Cau Ong Lanh, Q.1
交Bui Vien街步行5分　電 091-1866500
時 7:00～23:00　休 無休

胡志明市大部分的咖啡廳都有提供Wi-Fi。有些顧客會一邊上網，一邊悠閒地喝茶。

不可錯過的道地越南料理／咖啡廳

在美食之都胡志明市 享受慰勞晚餐

聚集許多外國人的胡志明市，擁有多間高評價的高級餐廳。
延續王朝時代傳統的順化料理和無國界料理……
何不慰勞一下自己，享受一頓豪華的晚餐呢？

蓮子炒飯23萬5000VND，有嚼勁的蓮子是主要特色。

在歷史建築中
享用正宗南部料理

Maxim's Vietnamese Restaurant

在這間充滿高級感的餐廳中，能品嘗到各種正宗越南料理。菜單中除了南部的家常菜，還有高級海鮮料理、甜點等品項可以選擇。晚餐時段建議事先預約。

★這裡超推★
店內以王朝時代為主題，前身是劇場。挑高的天花板充滿高級感。

外型可愛的會安風味炸春捲22萬VND

推薦菜單
晚餐全餐
Hoi An Sense Discovery（2人份）
70萬VND～
午間全餐
Lunch 29萬9000VND～

推薦菜單
前菜拼盤
Goi 3 mua 27萬VND(1人)
奶蟹佐羅望子醬
Cua rang me 55萬VND
炸排骨
Suon Non chien Nuoc Mam 25萬VND

★這裡超推★
如同王宮般的空間，以及優雅的服務都令人讚嘆。

以融合現代創意的傳統料理而聞名

Hoi An Sense Restaurant

身為室內設計師的老闆，將店內打造成王宮般的氛圍。融合順化傳統料理與現代創意的午間和晚間全餐被譽為「胡志明市第一美味」。需預約。

越南料理

螃蟹佐羅望子醬，搭配酸味醬汁非常合適

MAP 附錄P.4 E-1　　　　　胡志明市北部

所 12 Phan Ke Binh, Q.1　交 胡志明市大劇院開車10分
電 028-38237694　營 17:00～22:00　休 無休

MAP 附錄P.8 F-4　　　　　同起街周邊

所 13-15-17 Dong Khoi, Q.1　交 胡志明市大劇院步行8分
電 028-38296676　營 10:00～22:00　休 無休

關於預約與穿著

這次介紹的高級越南餐廳都很受歡迎。若擔心會有語言障礙，可請飯店櫃檯幫忙預約。另外，雖然大部分的餐廳都沒有服裝規定，但還是盡量避免穿得過於隨便，建議可以穿著洋裝或購買（租借）的越南奧黛前往。

法國料理

推薦菜單

豆腐搭配薄切生干貝冷盤
Tohu Parfait,ScallopCarpaccio
30萬VND

菲力牛肉
Beef Fillet 65萬VND

提供撒有辣椒粉的薄切生干貝冷盤（上），以及盛有無花果的菲力牛肉等道地法式料理

在歷史悠久的建築中品嘗越南料理

Hoa Tuc

這間時尚餐廳位於小巷盡頭的廣場上，許多酒吧和咖啡廳都林立於此區域。有戶外和室內座位，提供越南南部、中部和北部等地方特色料理。也有開設越南料理教室。

MAP 附錄P.8 E-1　　　　　　　　　　　同起街周邊

📍74/7 Hai Ba Trung, Q.1　🚇胡志明市大劇院步行3分
📞028-38251676　🕐11:00～23:00　🈳無休

★這裡超推★
由法國統治時期所建造的鴉片工廠改裝而成，露天座位很受歡迎。

★這裡超推★
在氣氛沉穩的店內悠閒享用餐點。居住在越南的日本人也經常光顧。

精緻細膩的法式料理

Le Corto

提供簡樸高質感的法國料理。每6個月會更換一次菜單，常客也能得到滿足。午餐時段可用便宜的價格享用道地的法式料理。需事先預約。

MAP 附錄P.8 E-2　　　　　　　　　　　同起街周邊

📍5D Nguyen Sieu,Q.1　🚇胡志明市大劇院步行2分
📞028-38220671　🕐11:00～14:30、17:00～21:45　🈳無休

越南料理

河內的特色美食西湖炸蝦餅12萬5000VND（前），以及頭頓的特色美食煎蝦餅12萬5000VND（中）

推薦菜單

薑汁蔥鴨肉
Dui vit sot gung 24萬5000VND

蜜汁烤鮭魚
Ca hoi sot mat ong 39萬5000VND

將碗疊放於餐桌上的淺盤上，是越南固有的擺盤方式。料理一般都盛裝於大盤子中，用餐時要自行夾取至碗中享用。

在美食之都胡志明市
享受慰勞晚餐

越南料理

Nēn

■「5億年」是添加水母和葡萄的濃湯（湯品）　②位於寧靜的街區，時尚的外觀是主要特徵

★這裡超推★
只使用間接照明的店內非常有氣氛，很適合情侶前往。

推薦菜單

5億年
Five hundred million years
平衡
Balance

只有全餐菜單的世界名店

Nen Light

榮獲全球50最佳餐廳的Nen Restaurant，從峴港遷移至胡志明市後改名為Nen Light。主要特色是將越南傳統料理以創新的方式，僅提供全餐料理。

MAP 附錄P.4 D-3　　胡志明市南部

所 122/2 Tran Dinh Xu,Q.1 図 濱城市場開車8分 ☎ 0898-990806
閣 18:00～23:00 休 無休
※菜單價格需加收增值稅（VAT）10%和服務費5%。

越・和・洋・中料理

位於5星級飯店內的
高CP值高級自助餐廳

La Brasserie

西貢日航酒店內的高級餐廳。有龍蝦、紅蟳、牡蠣等多種海鮮。除了越南料理，還備有和・洋・中式・甜點等豐富菜色。可以在此盡情享用喜歡的食物。

MAP 附錄P.4 D-3　　胡志明市南部

所 235 Nguyen Van Cu,Q.1 図 西貢日航酒店內➡
P.90 ☎ 028-3925-7777 閣 18:00～22:00 休 無休

★這裡超推★
主廚每天都會在現場烹調推薦菜色，讓美味度倍增。

■寬敞的舒適用餐空間　②龍蝦有6種烹調方式可以選擇。啤酒、葡萄酒等酒類亦為無限暢飲，不用擔心荷包會失血

推薦菜單

龍蝦
Lobster
紅蟳
Mudcrab
焗烤牡蠣
Baked Oysters with Cheese

用實惠的價格享受道地的法國料理

越南有許多老字號的法式餐廳，從法屬時期就一直營運至今，道地的口味和服務都深具魅力，連居住在當地的法國人也會經常光顧。

無國界料理

在古色古香的法式Villa
享用現代越南料理

Mandarine

可以品嘗到現代越南料理的知名餐廳。地下室有一個可存放300種葡萄酒的酒窖。1樓設有酒吧，晚餐前喝一杯調酒也很不錯。每週根據不同日期，可以欣賞到民族或古典音樂的演奏。

MAP 附錄P.6 F-1　　　　　　　　同起街周邊

所 11A Ngo Van Nam, Q.1　交 胡志明市大劇院步行13分
☎ 090-8870099　時 11:30～14:00、17:30～22:00　休 無休

★這裡超推★
將獨棟的傳統民居改建成餐廳。到處都殘留著越南過去的面貌。

推薦菜單

4道料理全餐
4 Course Tasting　90萬VND

5道料理全餐
5 Course Tasting　100萬VND

1 能細味品嘗各式料理的全餐　2 也有單點菜單和甜點

獨具匠心的
精緻創作料理

Xu

融合歐洲和越南的無國界料理餐廳。澳洲牛佐羅望子風味醬汁沙拉等創新料理，水準非常高。需預約。

MAP 附錄P.8 E-2　　　　　　　　同起街周邊

所 71-75 Hai Ba Trung, Q.1　交 胡志明市大劇院步行3分
☎ 028-38248468　時 18:00～23:00　休 無休

★這裡超推★
採用現代風家具和照明設計，讓人幾乎忘了正置身於越南。

※菜單價格需加收增值稅（VAT）10%和服務費5%。

推薦菜單

自製牛肉乾木瓜沙拉
Gỏi Đu Đủ Xanh & Khô Bò
Gác Bếp　19萬5000VND

招牌炸春捲
Cha gio Mandarine
13萬5000VND

無國界料理

招牌烤鴨肉32萬VND(左)
※菜單價格需加收增值稅（VAT）10%和服務費5%。

位於越南中部高原的大叻也盛產葡萄酒，若有在法國料理餐廳的酒單中見到，不妨可以嘗試看看。

到夜景迷人的酒吧喝一杯

在涼爽的夜晚裡，悠閒地品嘗美酒吧。
其中最推薦能俯瞰城市美景的酒吧，
能發現與白天不同的街道風景喔。

推薦酒品
西貢小姐
32萬VND

店內有早安越南、瑪格麗特
等各種調酒

★夜景看點

能俯瞰夜晚的同起街，
也能看到燈火通明的
「歐式酒店」後方的聖
母大教堂

享受令人興奮的夜晚

Saigon Saigon Rooftop Bar

位於高樓層飯店「卡拉維勒酒店」10樓的
酒吧。從開放式露臺座位可欣賞到胡志明
市數一數二的絕景。晚上有樂團現場演
奏，可以邊喝著調酒邊享受音樂。

面向敞開式窗戶的
室內座位，也有吧
檯座位

MAP 附錄P.8 D-2　　　　　　　　同起街周邊

🏠 10F, 19-23 Lam Son Square, Q.1
🗺 卡拉維勒酒店店內 ➡P.90　☎ 028-38234999
🕐 16:00～翌日1:00　休 無休
※菜單價格需加收增值稅（VAT）10%和服務費5%。

推薦酒品
經典調酒
24萬VND

左邊開始為愛情靈藥、月
球漫步、幻影

★夜景看點

人民委員會大廳和「麗士
酒店」的燈景令人陶醉

享受優雅的成人空間

Level 23

酒吧位於能眺望市中心的「西貢喜
來登酒店」23樓。採半開放式設
計，天花板為玻璃材質，並設有旋
轉吊扇及舒適的沙發座。

以橘色和植物
點綴的室內，能
將城市美景盡
收眼底

MAP 附錄P.8 E-3　　　　　　　同起街周邊

🏠 23F, 88 Dong Khoi,Q.1　🗺 西貢喜來登酒店內
➡P.90　☎ 028-38272828
🕐 17:00（酒吧為12:00）至翌日2:00　休 無休

西貢交易廣場的夜景

胡志明市的摩天大樓 **MAP** 附錄**P.4 E-2**。
最高層33樓有一間能把夜景一覽無遺的
「Oneplus Rooftop Beer Club」，是
當地情侶的約會勝地。

一邊眺望西貢河一邊乘涼

M Bar

位於老字號飯店「雄偉酒店」新館8樓
的酒吧。有室內和室外座位，氛圍低調
沉穩。菜單上除了飲品，另外也有提供
餐點。

晚上可於現場欣賞
菲律賓音樂的演奏

推薦菜品
雄偉牛肉漢堡
30萬VND

★夜景看點

光看著西貢河上往來
的郵輪，就讓人覺得
很愜意

MAP 附錄P.8 F-4　　　　　同起街周邊

團 8F, 1 Dong Khoi, Q.1
図 雄偉酒店內➡P.89　☎ 028-38295517
🕐 15:00～23:00　困 無休（週一無現場演奏）
※菜單價格需加收增值稅（VAT）10%和服務費
5%。

一邊欣賞夜景，一邊品嘗大分量的雄偉牛
肉漢堡，真是至高的享受

不可錯過的道地越南料理・酒吧

懷舊氣圍也很推薦

有撞球桌可與
眾人一同玩樂

有墨西哥等16種人氣
披薩，薄脆的披薩餅皮
令人愉悅

櫻花（前）、莫西多（右）
等調酒，和包入牛肉、起
司等食材的墨西哥捲餅
很搭

到有歷史的愛爾蘭酒吧放鬆一下

O'Brien's

當地外國人經常光顧的酒吧，他們會在
吧檯或高腳桌，邊喝著啤酒或調酒邊聊
天，也有人會觀看體育賽事的直播。店
內各種料理都廣受好評，很適合來此用
餐。15～19時為Happy Hour，會免費提
供沙拉。

MAP 附錄P.8 D-1　　　　　同起街周邊

團 74A3 Hai Ba Trung, Q.1
図 胡志明市大劇院步行3分　☎ 028-38293198
🕐 16:00～24:00　困 無休

澤田教一、開高健等日本記者喜愛的知名酒吧是「Breeze Sky Bar」➡P.84。

好適合當伴手禮

伴手禮精選

下方整理了在台灣不常見的
越南特有餅乾點心。

榴槤餅
58900VND

甜甜的
很好吃

南部代表糕餅。
淡淡榴槤香搭配酥薄
餅皮，非常推薦

不管吃多少
都不膩！

羅望子糖
6000VND

散發自然甜味的羅望子。
樸實的味道很讚

水果乾
4萬8800VND

加進優格吃
也很不錯

波羅蜜脆片，南
洋風味

推薦給注重養身的女性

蓮子乾
10萬3000VND

無論是當作回程
班機上的零嘴，
還是給同事的伴
手禮都很適合

包裝
也很可愛

椰子糖
3萬4200VND

湄公河三角洲的特產。
將椰子慢火熬煮而成，
可以品嘗到濃郁的椰香

特別的
芋頭口味

芋頭糖
7200VND

因散發芋頭本身的自
然甜味而受到歡迎，
口感類似牛奶糖

綠豆糕
5萬1200VND

懷念的
滋味

古早時期的單純滋味，
受歡迎的北部點心

會讓人上癮
的味道

香菜脆餅
6萬600VND

添加完整的香菜，
和椰子也很搭

以上餅乾點心都能在
當地超市購入

Coop Mart

➡P.87

分店眾多的
老字號超市

在城市中
漫步探尋

抵達後，先到街上走走吧。
到餐廳和商店林立的主街道遊逛，
尋找時尚的單品或雜貨，
偶爾走進小巷探訪隱密的咖啡廳。
這座城市非常適合隨心所欲地漫步閒逛。

美麗與可愛是
女子旅行的
最大重點♥

遊逛最繁華的同起街

同起街是胡志明市最繁華的街道，
購物、美食和觀光景點都齊聚一堂。
在遊逛的同時，也感受一下越南獨特的活力吧。

位於胡志明市中心的主要街道。北邊是聖母大教堂，南邊是西貢河，中間則是胡志明市大劇院。

大略介紹一下同起街

Dong Khoi St.
同起街

1 2 流行發祥地的同起街 3 聚集許多觀光客的聖母大教堂 ➡ P.28 4 外型可愛的胡志明市大劇院 ➡ P.28 5 6 機車眾多，也很常見到挑扁擔的人

遇到瀟灑奔馳的當地人！

1 控油面霜130萬VND
2 有助於燃燒脂肪的噴霧120萬VND

Ⓐ L'apothiquaire

適合當伴手禮的化妝品

由Spa沙龍「L'apothiquaire」 ➡ P.30經營的化妝品店。店內販售自創化妝品、馬賽皂等商品，很適合當伴手禮。

MAP 附錄P.8 E-4

所 41 Dong Khoi, Q.1 交 胡志明市大劇院步行7分 ☎ 028-39325181 營 9:00～21:00 休 無休

走走逛逛 ── 2小時

同起街散步攻略

從同起街南邊的「雄偉酒店」到聖母大教堂約1公里。不購物，正常走約15分鐘。

推薦時段

到清真寺小憩片刻

位於Dong Du街的西貢清真寺 **MAP** 附錄P.8 E-3，擁有美麗的翠綠色外觀。這裡是一個遠離周圍喧鬧的安靜空間，非常適合休息。

- 聖母大教堂（整修中）
- **B**
- Vincom Center 是人氣庶民美食的寶庫
- Vincom Center
- **C** →
- Le Thanh Tong街
- （改裝中）
- Union Square 胡志明市大劇院
- 同起街
- **E**
- 西貢清真寺
- Dong Du街
- Mac Thi Buoi街
- 這條街聚集了眾多受人歡迎的雜貨商店
- **A**
- **D**
- ↓雄偉酒店

B catherine denoual maison

法國設計師的布製小物

使用頂級布料製成的布製品，盡顯法國老闆 Catherine的非凡品味。店內也有化妝包、蠟燭等各種雜貨。

MAP 附錄P.9 C-2

所 38 Ly Tu Trong, Ben Nghe, Q.1 交 胡志明市大劇院步行7分 電 028-38239394 營 9:00～21:00 休 無休

籐籃（麻布內裡）為106萬 VND～。有5種尺寸

也有販售褲子等潮流服飾

C L'usine

結合咖啡廳的複合式商店

走進店內，印入眼簾的是舒適寬敞的咖啡廳。深處擺放著鞋子、文具、包包等進口雜貨。

MAP 附錄P.8 E-1

所 19 Le Thanh Ton,Q.1 交 胡志明市大劇院步行5分 電 028-38227138 營 8:00～21:30 休 無休

入口處也充滿時尚氣息

D Lapogee

可製作原創香水

新銳香水店。可使用店內的平板操作，從60種香味中選擇3～6種，製作並購買屬於自己的原創香水或沐浴乳。

MAP 附錄P.8 F-4

所 25 Dong Khoi,Ben Nghe, Q.1 交 胡志明市大劇院步行8分 電 083-3889909 營 8:30～20:30 休 無休

1 店家的原創香水。10毫升35萬 VND、20毫升65萬VND(左) **2** 沐浴乳36萬VND

E Desino

滿滿越南製雜貨

販售自製雜貨的時尚雜貨商店。店內也有100%使用越南產絲綢製成的襯衫、包包、配件等小物。

MAP 附錄P.8 D-3

所 10 Nguyen Thiep,Q.1 交 胡志明市大劇院步行3分 電 028-38220049 營 10:00～21:00 休 無休

1 使用義大利產皮革製成的手提包400萬VND、配件25000VND **2** 觸感舒適的絲綢襯衫450萬VND

與同起街交叉的Mac Thi Buoi街也有不少商店和餐廳。

時尚雜貨的寶庫
Ton That Thiep 街&黎聖宗街

Ton That Thiep街上有許多由外國人經營的商店，
而黎聖宗街則遍布了多家刺繡及飾品店，
各種藝術雜貨或時尚小物都能在此處找到。

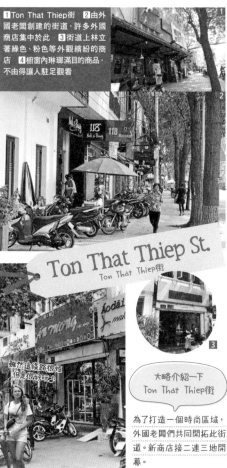

❶Ton That Thiep街 ❷由外國老闆創建的街道，許多外國商店集中於此 ❸街道上林立著綠色、粉色等外觀繽紛的商店 ❹櫥窗內琳瑯滿目的商品，不由得讓人駐足觀看

Ton That Thiep St.
Ton That Thiep街

鮮豔可愛的設計

❶人氣杯墊5萬VND～
❷政治宣傳藝術滑鼠墊12萬VND ❸店內風格也很通俗

雖然這條路很短
但是很好玩♪

大略介紹一下
Ton That Thiep街

為了打造一個時尚區域，外國老闆們共同開拓此街道。新商店接二連三地開幕。

Ⓐ Saigon Kitsch

融合西洋與東洋

設計師是法國和越南混血。將法國精神融入越式風格，每樣商品都相當獨特。

MAP 附錄P.8 D-4

📍43 Ton That Thiep, Q.1 🚶胡志明市大劇院步行8分
📞028-38218019 🕐8:00～22:00 🚫無休

走走逛逛 ── 1小時

11 9 18 15
推薦時段

Ton That Thiep街&黎聖宗街散步攻略
兩條街都與Pasteur街相連，三條街一起逛逛也很有趣。

還有熱門雜貨商店及按摩店
熱門雜貨商店「KiTO」 ➡ **P.70**，以及腳底按摩店「健之家」 **MAP** 附錄P.8 D-4也都位於Ton That Thiep街上，散步時可以順道繞過去。

Le Thanh Ton St.
黎聖宗街

1作為政府機關使用的人民委員會大廳位於街道東側➡P.29。優雅的裝飾非常漂亮 **2**在日本街上，掛著暖簾和燈籠的日式居酒屋櫛比鱗次

🅑 Le Hang

閃閃發光的
珠珠飾品

使用施華洛世奇圓珠製作的飾品專賣店。戒指、手環等都有販售，可接受客製。

店內有各式耳環、項鍊等飾品

MAP 附錄P.9 C-3

🏠 101 Le Thanh Ton, Q.1 🚇 胡志明市大劇院步行8分
☎ 028-38273596 🕐 9:00～20:00 🈑 無休

🅒 Ha Phuong Souvenir Shop

為生活增添色彩的刺繡寶庫

店內有手帕、桌布、枕頭套等貼近生活的商品，選擇相當豐富。簡樸的越式風格很可愛。

MAP 附錄P.9 C-3

🏠 87 Le Thanh Ton, Q.1 🚇 胡志明市大劇院步行8分
☎ 028-38245754 🕐 9:00～19:00 🈑 無休

大略介紹一下
黎聖宗街

與Pasteur街交叉以西有刺繡和飾品店，以東有日系商店林立的日本街。

人民委員會大廳

黎聖宗街

🅑 🅒

街上有許多時尚精品店

Pasteur街

Le Loi 街

車流量很大，穿越馬路需注意。

小商店櫛比鱗次

健之家

Ton That Thiep街

🅐

KiTO

1 2刺繡靠枕套和束口袋
3可接受客製

人民委員會大廳➡**P.29**是作為法國人用的公共大廳而建造。購物途中順道前往看看如何？

設計師風格鮮明的
個性化商店

被譽為東方巴黎的胡志明市，
遍布許多販售高品質雜貨和時裝的商店。
以下介紹4間突顯設計師卓越品味的熱門商店。

---

catherine denoual maison

紅到日本的麻布商店。使用頂級布料製成的小物，彰顯出法國老闆Catherine的獨特品味。除了床單、居家服、化妝包等雜貨也很熱銷。

有許多能打造理想居家空間的商品

籐籃（麻布內裡）112萬
5000VND～。有3種尺寸

MAP 附錄P.9 C-2　　　　　　同起街周邊
➡ P.65

乾淨清爽的店內

金環與珍珠的對比美極了 耳環22萬VND

HER accessories

除了飾品，也有拖鞋等等

彰顯老闆Dan獨到品味的飾品精品店。店內陳列著銀、珍珠、寶石等引領潮流的大型設計商品。也有很多價格便宜的品項。

帶有精緻刺繡的原創拖鞋各58萬VND

玳瑁花紋的大耳環14萬VND，營造出成熟氛圍

帶流蘇的半月形夾式耳環22萬VND

MAP 附錄P.4 D-3　　　　　　濱城市場周邊

🏠 361/9A Nguyen Dinh Chieu, Q.3　🚗 濱城市場開車
10分　📞 079-2884488　🕙 10:00～20:00　🈚 無休

需登上狹窄樓梯的小店

有些商店可以加工成品

部分販售成衣的店鋪會幫忙把鈕扣更換成喜歡的款式，或製作成不同的顏色。若有中意的商品，不妨詢問一下店員。

所有商品皆為原創

Quoi Spirit

由身為設計師的老闆所開設的店鋪。店內販售自製的越南傳統竹工藝品、飾品等。融入日本侘寂風格的設計，讓人感到寓意深刻。

每件商品都融入了老闆的創意想法，獨創性的設計都有其意義

象徵新自我誕生的繭形耳環125萬VND～

鑲鑽的男用戒指象徵土壤，女用戒指象徵種子。材質可選擇銅、銀或金。3200萬VND（金材質）

有些竹製緊飾品不會展示出來

MAP 附錄P.4 E-1　　　　　　　　胡志明市北部

🏠 3F 21B Nguyen Dinh Chieu,P.Da kao,Q.1 🚗 胡志明市大劇院開車10分 ☎ 090-2320919 🕐 24小時營業 🈵 無休

以木元素為主的店內裝潢也散發著時尚氣息

挑高的店內空間寬敞舒適

插圖和室內設計都很有品味

蒐羅各種時髦單品

L'Usine Thao Dien

位於草田街區的咖啡廳＆雜貨商店，不少熱門店群聚於此。開放感十足的倉庫型店鋪，1樓是咖啡廳，2樓陳列著許多雜貨。商品種類豐富，可以慢慢選購。

不僅設計精美，耐用的質地，使用起來也很便利

繡有店家Logo的原創帆布袋63萬VND

越南傳統圖騰杯墊6個60萬VND

外盒可愛的5種香料組合121萬VND

MAP 本書P.83　　　　　　　　草田區

🏠 24 D,Thao Dien,P.Thao Dien,Thu Duc 🚗 胡志明市大劇院開車20分 ☎ 028-3898911 🕐 8:00～21:00 🈵 無休

最近，許多年輕人會把短版越南奧黛當作長上衣穿。搭配褲子後，正式的越南奧黛也能變得很輕便。

可愛的設計、精緻的刺繡……
充滿創意的手工雜貨

越南雜貨有許多刺繡手工製品。
蓮花圖案的設計與繽紛的色彩搭配，也是這個國家特有的風格。
商品製作以手工為主，成品都非常精美。

刺繡雜貨

手巧的越南女性所製作的刺繡工藝品，各個精緻且色彩斑斕，很適合當伴手禮。

A

刺繡手拿包

有著小花刺繡的可愛手拿包。附有可肩背的鍊子／48萬VND

A

刺繡鞋

黑底加上紫玫瑰刺繡，看起來相當別緻／65萬VND

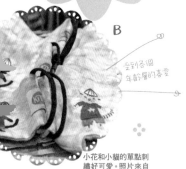

B

受到各個年齡層的喜愛

小花和小貓的單點刺繡好可愛。照片來自「KiTO」

A

刺繡涼鞋

麂皮上繡有鮮豔的原創花朵圖案／49萬5000VND

A

刺繡涼鞋

有著繽紛小魚刺繡的美麗涼鞋／47萬5000VND

有許多帶有刺繡的鞋類和小物

Ⓐ T.A.M

主要販售有刺繡的鞋類，也有包包等。所有商品皆由老闆親自設計，繽紛又新奇的刺繡圖案令人賞心悅目。

小巷裡的可愛招牌很好認

MAP 附錄P.5 B-1　　　　　　胡志明市北部

所366/7H Chu Van An,Phuong 12,Binh Thanh 交歷史博物館
開車30分 ☎083-8388289 營10:00～21:00 休無休

老闆的妻子親自設計

Ⓑ KiTO

由精通日語的老闆和其日籍妻子所經營的熱門店。店內的服飾和小物上的花紋都是由妻子所設計。可量身訂做越南奧黛。

從外面看到的可愛越南奧黛讓人好心動

MAP 附錄P.8 D-4　　　　Ton That Thiep街周邊
➡ P.73

民族風雜貨也很有魅力

在越南，帶有少數民族圖樣、花紋的雜貨和包包也很受歡迎。配色鮮豔奪目是其主要特色。

刺繡化妝包

B

手工刺繡化妝包，上面繪有老闆飼養的小貓，以及繪於小江燒上的花卉圖案／各45萬VND

C

刺繡靠枕套

以充滿活力感的維他命色系為背景，施以精緻的單點刺繡／35萬VND

刺繡束口袋

有著綿羊刺繡的可愛束口袋。綿的部分也是經過精心製作／14萬VND

C

刺繡吊帶背心

使用多種顏色繡製花卉圖案的吊帶背心／89萬VND

D

施以精緻刺繡的商品

🅒 Ha Phuong Souvenir Shop

位於黎聖宗街上，主要販售刺繡製品的店鋪。包包、靠枕套等原創時尚雜貨琳瑯滿目，可接受訂做。

店內陳列著各式各樣的布料和服飾

MAP 附錄P.9 C-3　　　　同起街周邊

➡ P.67

廣受當地女性歡迎的服飾

🅓 LIBE

想掌握當地的流行趨勢，就先來這裡看看。既時髦又不失女人味的成熟單品，平常在台灣也能穿。

店內有許多時髦單品

MAP 附錄P.9 C-1　　　　同起街周邊

🏠 26 Ly Tu Trong,Q.1　🚇 胡志明市大劇院步行5分
📞 028-38231989　🕐 9:30～21:30　🈺 無休

有些商店會擺放大量生產的雜貨，購買前記得檢查一下是否有縫製完全。

選購簡樸的陶瓷器&
華麗的漆器

陶瓷器和漆器是提升餐桌質感的必備品。
鉢場燒和小江燒尤其受歡迎，
有咖啡杯、茶壺、盤子等眾多款式可以挑選。

陶磁器&漆器

從傳統到現代樣式都有，設計十分多元。多數商品圖案以手工繪製，每個都是獨一無二。

畫上蓮花圖案的茶壺和玻璃杯

A

蓮花茶具組

充滿越式風情的蓮花圖案茶具組，包含茶壺、茶杯&茶托6組／156萬2000VND

B

鉢場燒茶壺

繪有經典安南燒紅彩的茶壺。極具越南特色的可愛單品／40萬VND

B

茶具組

帶有沉穩藍色圖樣的美麗茶具組／茶壺51萬VND、茶杯各7萬VND、木製托盤118萬1000VND

A

可愛的越南風情圖樣

蓮花餐盤

有蓮花圖樣的餐盤，也有小盤子（66000VND）。可根據用途分別使用／17萬6000VND

越式風格的原創餐具

Q HOME

越南人氣餐具品牌，胡志明市最大的明隆餐具零售店。簡約又不失精緻的高質感很有吸引力，種類相當豐富。

店鋪採用玻璃牆面，空間寬敞方便進出

 MAP 附錄P.9 C-4　　　　　同起街周邊

🏠 K4-5F-67 Le Loi, Q.1 🚇 濱城市場步行3分
☎ 096-4251647 🕐 9:30～22:00 🈺 無休

鉢場燒名店

B AUTHENTIQUE home

鉢場燒人氣店。店內商品種類繁多，有用氧化鐵（紅色）、藍色等傳統色繪製的盤子和杯子，也有純白色或咖啡色的款式。除了陶器，刺繡等雜貨也很受歡迎。

也有販售原創設計的鉢場燒

MAP 附錄P.4 F-1　　　　　胡志明市北部

🏠 68 Linh Trung,Thu Duc 🚇 胡志明市大劇院開車30分
☎ 028-38228052 🕐 9:00～21:00 🈺 無休

小江和鉢場是瓷器的產地

小江是位於離胡志明市約15公里處的村落。鉢場是位於北部河內近郊的小村落。兩者皆為知名的陶瓷器產地。

B

小碗

色彩明快且花紋漂亮的小碗／各11萬5000VND

C

Lai Thieu燒圓盤

上方有用顏料繪製特殊圖樣的圓盤／55萬VND～

D

鉢場燒茶壺

繪有中國風圖樣的茶壺／46萬VND

C

小江燒圓盤

鮮豔的藍色花朵令人印象深刻／98萬VND～

C

小江燒橢圓盤

散發古典之美的人氣橢圓形彩繪盤／65萬VND～

D

鉢場燒圓盤

有越南國花Lotus（蓮花）點綴的精美圓盤／13萬VND

雜貨熱潮的先驅

KiTO

1樓陳列著原創越南奧黛、小物、鉢場燒等。2樓有小江燒等南部陶器的古董。小江燒的收藏數量為全國No.1，非常值得一探究竟。

也有越南奧黛、化妝包、口罩等小物

MAP 附錄P.8 D-4　　　　　Ton That Thiep街周邊

所 13 Ton That Thiep,Ben Nghe,Q.1　交 濱城市場步行10分

☎ 028-38296855　營 9:00～20:00　休 無休

古代和現代瓷器專賣店

Cera Story

店內瓷器琳瑯滿目，令人眼花撩亂。從餐具到茶具、窄口花瓶等都有，種類很齊全。除了鉢場燒，也有販售中國、日本的瓷器。

緊密擺放的瓷器，也許能挖到寶

MAP 附錄P.4 E-1　　　　　　　　胡志明市北部

所 159 Nguyen Van Thu,Da Kao,Q.1　交 胡志明市大劇院開車10分

☎ 037-9791266　營 9:00～18:00　休 無休

攜帶陶瓷器要注意，一定要請店家用緩衝材料或報紙包覆。

在城市中漫步探尋／陶瓷器&漆器

樣式獨特、色彩鮮豔的
少數民族&傳統工藝雜貨

越南境內有50幾個少數民族，
他們一邊保護傳統的編織、刺繡和染色技術，一邊生活著。
試著挑選符合自己喜好的精美手工藝品吧。

傳統
工藝品

靈感來自越南各地工藝村的雜貨，具有天然的吸引力。

充滿簡樸魅力的
傳統工藝雜貨

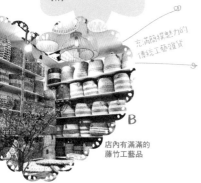

店內有滿滿的藤竹工藝品

A

藤製邊桌

為空間增添民族風情的邊桌／128萬VND

B

藤籃

與白布搭配的可愛籐籃／45萬VND

A

藤製燈罩

輕巧耐用的精美燈罩／69萬VND

B

貝殼拖盤

用貝殼鑲嵌而成的小魚圖案，少女心爆棚的托盤／26萬VND

設計精緻的傳統雜貨

Ⓐ In The Mood Saigon

由法國和越南設計師經營的越南工藝品&雜貨商店。商品融合了傳統工藝技術與現代設計，種類相當豐富。

店內很多時尚雜貨，非常適合買來當伴手禮

MAP 本書P.83　　　　　　　草田區

🏠 32 Tran Ngoc Dien,Thu Duc 🚇 胡志明市大劇院開車30分
📞 090-8804565 🕐 10:00～19:00 ㊡ 無休

眾多藤&竹商品

Ⓑ MAYHOUSE Craft & Decor

藤竹工藝品專賣店。老闆親自走訪越南北部和南部的工藝村，直接與當地的職人簽約。店內販售充滿溫度的工藝村職人手工製品。

可愛的店名字體與黃色外觀相當吸引人

MAP 附錄P.4 D-1　　　　　胡志明市北部

🏠 8b Tran Nhat Duat,Tan Đinh,Q.1 🚇 統一宮開車10分
📞 0392-658181 🕐 8:00～20:00 (週日至18:00) ㊡ 無休

可以運送至台灣嗎？

大部分的店家可協助寄送大型商品，若想合併運送，可以選擇DHL、UPS、FedEx以及EMS等國際快遞服務，建議寄送前先上網多方查詢比價。

少數民族雜貨

越南各地的少數民族商品，個個都具有獨特的魅力。很適合當作點綴服飾的配件。

C 赫蒙族靠枕套

鮮艷的紅色可點綴室內空間／23萬VND

C 瑤族收納袋

縫有瑤族布料的手機收納袋／各13萬8000VND

C 赫蒙族手環

樣式鮮艷奪目的手環／11萬5000VND（上）和14萬9500VND（下）

C 赫蒙族化妝袋

中間的精細刺繡是主要特色，輕巧好攜帶／13萬8000VND

集結眾多時尚民族雜貨

C Mystére

販售越南北部10個部落的民族雜貨，主要以赫蒙族為主。銀飾品、領巾、掛毯等設計獨特的商品應有盡有。

有各式各樣可當伴手禮的平價商品

MAP 附錄P.8 D-3　　　　　　　　同起街周邊

⊠ 141 Dong Khoi, Q.1　区 胡志明市大劇院即到
☎ 028-38239615　⏰ 8:30～21:30　休 無休

少數民族的豆知識

越南境內有50多個少數民族，他們身著傳統刺繡和藍染服飾。刺繡鮮艷的赫蒙族、編織帶有光澤的占族、擁有藍染技術的瑤族等，每個民族的設計和用色都大不相同。商店內有販售他們的手工製品。

赫蒙族

占族

儂族　　傈傈族　　瑤族　　岱依族

雖然市場也有販售用水牛角製成的湯匙，但其中可能會混有塑膠製品，購買時請多加留意。

消除旅遊的疲憊
市區美容沙龍推薦

結束購物與享用完美食後，
順道去趟美容沙龍店消除一天的疲勞吧。
時間充裕的人，建議可選擇3小時以上的方案。

亞洲度假村風格的大型沙龍

Sen Spa

從美容護膚到足部、美甲，療程選擇非常多。廣受好評的臉部護理是使用美國知名保養品牌「CLINIQUE倩碧」的商品。需預約。

MAP 附錄P.4 F-2　　　　　　　　　　黎聖宗街周邊

㊙ 10B1 Le Thanh Ton, Q.1　㊓ 胡志明市大劇院步行13分
☎ 028-39102174　🕘 9:30～20:00　㊡ 無休

1️⃣ 2019年3月遷移至黎聖宗街。圖為舊店鋪　2️⃣ 店內有10種按摩油供選擇　3️⃣ 身心都被療癒的按摩

〜 *Spa Menu* 〜
● 護膚
1小時／55萬VND
● 手部和足部反射療法
1小時30分／55萬VND
● 泰國古式按摩／1小時／
66萬VND
※價格需加收稅金10%和服務費5%。

當地日本人經常光顧的Spa

miu miu Spa 2

價格經濟實惠，主打高水準按摩技術，諮詢表上可以選擇想加強的部位及指壓的強度。需預約。

MAP 附錄P.4 F-2　　　　　　　　　　同起街周邊

㊙ 2B Chu Manh Trinh St. Q.1
㊓ 胡志明市大劇院步行13分　☎ 028-66802652
🕘 9:30～22:30　㊡ 無休

〜 *Spa Menu* 〜
● 腳底按摩／1小時30分／45萬VND
● 精油按摩（含熱石按摩）／1小時30分／56萬VND
● 泰式按摩／2小時／75萬VND

1️⃣ 位於許多日本人居住的黎聖宗街附近，深獲當地日本人喜愛的Spa　2️⃣ 店內的舒適氛圍讓人能放鬆享受按摩　3️⃣ 從指壓到精油、藥草按摩，療程種類豐富

晚班回程班機前……

搭乘深夜出發的班機時，不能洗澡是一大
缺點。這時建議可前往Spa拭去汗水。選
擇全身按摩療程，將疲勞一掃而空吧。

日系飯店的頂級Spa
Ren Spa

位於西貢日航酒店內的Spa。5間包廂充斥著精油香味，在
柔和的燈光與沉穩的氣氛下，能讓人徹底得到放鬆。護膚產
品均為100%有機。

MAP 附錄P.4 D-3　　　　　胡志明市南部
⊞ 235 Nguyen Van Cu,Q.1　図西貢日航酒店內➡ P.90
☎ 028-3925-7777　🕐 13:00 ～ 21:00　休 無休

法式手法很受歡迎
Anam QT Spa

輕柔的手法受到好評。大廳
內有擺放沙發，可以慢慢考
慮想做的項目。除了推薦套
裝，也有單項療程可以選
擇。需預約。

MAP 附錄P.6 E-1
同起街周邊
⊞ 26/1-2 Le Thanh Ton, Q.1
図 胡志明市大劇院步行13分
☎ 028-35208108
🕐 9:30～19:00
休 無休

～ *Spa Menu* ～
● 全身護理套裝
210分／208萬VND
包含全身按摩、身體去角質、
足部護理

適合情侶一同使用的VIP室附有
按摩浴缸

1 Ren Spa Special Package 2小時30分250萬VND　2 臉部按摩有4
種療程選項，各60分140萬VND　3 有提供日語項目表

在光線昏暗的室內放鬆身心
Noir Spa

設計理念來自Noir（黑
色）。昏暗的療程包廂內
只有間接照明，盲人按摩
師會進行從頭到腳的全身
按摩。室內散發著柔和的
香氣，感覺十分療癒。

熱門的熱石按摩
60分／45萬VND

MAP 附錄P.4 E-1　胡志明市北部
⊞ 178B Hai Ba Trung, Da
Kao, Q.1
図 胡志明市大劇院開車8分
☎ 0933-022626
🕐 10:00 ～ 20:00
休 無休

～ *Spa Menu* ～
●精油按摩／60分／
45萬VND
●Noir Special／90分
／68萬VND

～ *Spa Menu* ～
●Brightening Facial／60分／140萬VND
●Refreshing Package／120分／220萬VND
●越式按摩／60分／140萬VND

在當地也曾有被要求高額小費或物品遭竊的情況，因此需特別留意價格過於便宜的店家。

身為女性，各部位的保養都不可怠惰！
用平實的價格享受保養服務

足部護理、美甲、頭部Spa……
在胡志明市能用實惠的價格享受到。
若逛街逛累了，就到這裡來體驗一下吧。

腳底按摩

Spa Gallery

療程選擇豐富

除了足部，也有提供身體、
熱石按摩等服務，時間可選
擇30～120分鐘。價格含小
費和香草茶。

MAP 附錄P.8 E-1

同起街周邊

所 15B Thi Sach, Q.1
区 胡志明市大劇院步行5分
☎ 028-66569571
⊙ 10:00～23:00 休 無休

可以不用在意周遭，好好享受

■1 在舒適的私密空間進行療程
■2 店內也有販售按摩時使用的精油或面霜
■3 結束後享用幫助放鬆的香草茶

推薦項目 腳底按摩
……1小時30分／48萬 VND

頭髮護理

推薦項目 髮型設計
……50萬～90萬 VND

頭髮會變得很光滑喔

■1 乾淨時尚的店內
■2 頭部Spa使用獨創的漢方護
髮乳，美髮效果值得期待 ■3 在
氣候炎熱的胡志明市區遊逛完
後享受能釋放疲憊的頭部Spa

Hacca for hair

技術高超的美髮沙龍
由日本老闆經營的美髮沙龍。
除了髮型設計，還有提供頭部
Spa和護髮服務，純熟的技術
廣受好評。需預約。

MAP 附錄P.9 B-4

濱城市場周邊

所 3F, 122 Le Thanh Ton, Q.1
区 濱城市場即到
☎ 07-96776848 ⊙ 10:00～20:00
（週日為9:30～19:30）休 週一

價格相當實惠

胡志明市有各式各樣的美容沙龍店，價格幾乎都相當實惠。但除了標榜無需小費的店之外，基本上都需另付10萬VND的小費。

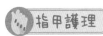 指甲護理

Top Nails

施作仔細，廣受好評

由韓國老闆經營的美甲沙龍，有許多指甲彩繪範本，很受當地人歡迎。有提供日語項目表。

打造自己喜歡的指彩

店內乾淨寬敞

MAP 附錄P.4 E-1　　　　　　　　　胡志明市北部

所 14B Vo Thi Sau, Q.1　交 胡志明市大劇院開車10分
電 079-2428191　營 9:40〜19:00　休 無休

漸層和足部美甲的價格也很實惠，不妨嘗試看看

推薦項目

基礎美甲……8萬VND〜

比台灣還便宜！

 推薦項目

古典風美甲
(30分)……11萬VND〜

紅白相間的店內裝潢讓人忍不住多看一眼。擅長施作時尚指彩

Fame Nails

以平易價格享受美甲服務

廣受當地歐美人士歡迎的美甲沙龍。雖然是當地越南人開的店，但英語也能通。店員的高超技術和施作速度令人讚嘆。需預約。

MAP 附錄P.8 E-3

濱城市場周邊

所 45 Mac Thi Buoi, Q.1　交 胡志明市大劇院步行5分
電 028-62671188　營 9:00〜21:00 (週日至20:30)　休 無休

前往有「日本芳療師」的Spa

在胡志明市，有日本芳療師的Spa越來越多。以下介紹因語言溝通無礙和周到的服務，而深受名人喜愛的店。

舒爽的純手技淋巴按摩

ASAHI Japanese Wellness Salon

日式手技按摩。主要針對淋巴進行按摩。使用日本製無添加化妝品，敏感肌和過敏者都能安心享受。

所 8/1 Le Thanh Ton, Q.1　交 胡志明市大劇院步行13分　電 0901-730370
營 9:30〜18:00　休 週一　**MAP** 附錄P.4 F-2 同起街周邊

有些美甲店會在未經消毒的情況下重複使用指甲鉗，要小心當地的廉價店家。

市內唯一的中華街
堤岸兩大景點介紹

離市區30分鐘車程的中華街。
招牌和交談的語言都是廣東話，彷彿置身於中國。
抵達這裡後，就先去市場和寺院走走吧。

充滿活力的
生活市場

平西市場
Cho Binh Tay

氛圍和濱城市場➡ **P.26**不同的庶民化市場。各式各樣的商店林立在庭院周圍。裡面多屬批發商，但也有一些零售店。

MAP 附錄P.5 A-4　胡志明市南部
🏠 57A Thap Muoi, Q.6
🚗 濱城市場開車20分　📞 028-8571512　🕐 5:00～19:30（週日至20:00，視店鋪而異）
🈺 無休

1 有中庭的兩層樓巨大建築，裡面的狹窄通道擠滿了商店
2 市場周邊的路上也有人在賣東西
3 市場內也有攤販，可品嘗到生春捲等美食
4 人潮眾多，要注意扒手

謝謝惠顧~

1 新年（農曆）期間，也是舞龍舞獅遊行的起點　2 懸掛於天花板上的漩渦狀線香會燃燒一整天　3 參拜的人很多。何不買個線香和他們一同參拜呢？　4 蠟燭的火焰營造出莊嚴的氣氛

因漩渦狀線香
而聞名的寺廟

天后宮
Chua Ba Thien Hau

建於1760年，歷史相當悠久的中國寺廟。無數個巨大漩渦狀線香懸掛於天花板的景觀，令人嘆為觀止。外觀精緻的龍形裝飾也很值得一看。

MAP 附錄P.5 B-4　堤岸
🏠 710 Nguyen Trai, Q.5
🚗 濱城市場開車20分
📞 028-38555322
🕐 7:00～11:30、13:00～17:00
🈺 無休　🈺 免費參觀

看看當地居民的生活風景吧

購物和造訪餐廳固然有趣，但觀察不同的生活習慣也是旅行的樂趣之一。
遊逛的同時，別忘了看看街上的人們。

婚禮～♪

走在大街上的新郎和新娘。後方親友成群結隊

戴著口罩坐在爸爸機車上的女孩

美女！

占卜師!?

小淘氣？!

其實是賣彩券的奶奶

午餐OL

穿著美麗的越南奧黛，帶著爽朗笑容的美女，好有氣質

休息中♥

白天也會看到坐在路上吃午餐的OL

胡志明市大劇院前是年輕人休息的地方

提不起勁……

面罩女子

為了防曬而把臉遮住，手臂上套著膚色手套

用手機看影片打發時間的路邊理髮攤（上）連扛扁擔的女士也輸給了炎熱（左）

在街上發現的流動攤販

氣球攤商
賣氣球的先生拿著一堆氣球，感覺好像要飛起來了（!?）

水果攤商
在小攤販也能買到香蕉、椰子、橘子等水果

麵包攤商
單手端著麵包，瀟灑的步伐令人印象深刻

量體重攤商
竟然還有幫忙量體重的攤販，很少出現

鴨仔蛋攤商
鴨仔蛋是即將孵化的鴨蛋，味道非常濃厚

在當地人居住的區域都能看到許多攤販，但由於國家法規，如今數量已越來越少。

到處都是時尚景點
漫遊草田區

西貢河的對岸就是守德市草田區。
是目前備受關注的時尚區域。
沿著河川散步完步後，不妨前往人氣咖啡廳或餐廳用餐。

What's

草田區是什麼地方？
位於西貢河對岸的區域，是近年備受矚目的時尚景點。胡志明市的高級住宅區，有許多外國人居住於此，氣氛悠閒祥和。距離市區約30分鐘的車程。

6 適合遊逛中間稍作休息
7 有美容效果的有機椰子面霜 各19萬5000VND～
8 擺設和裝潢設計看起來都很講究 ／Ⓑ

1 佇立在西貢河沿岸的The Deck
2 一覽無遺的露臺座位　3 也有使用越南當地食材的菜單　4 享受胡志明市最後的夜晚　5 調酒半價的Happy Hour ／Ⓐ

以夕陽為背景
喝一杯♪

9 中庭有個大型游泳池。有放置遮陽傘，即使陽光強烈也不用擔心 ／Ⓒ

路上幾乎沒有機車

胡志明市中心常見的驚人機車潮，在草田區完全看不到。與市中心的喧鬧氣氛相反，是個悠閒寧靜的地方。

A 在絕佳的地點享用無國界料理

The Deck

堅持使用越南新鮮食材製作料理的餐廳。能在可俯瞰西貢河的露臺座位上，享受浪漫的日落時光。需預約。

MAP 本書P.83

38 Nguyen U Di, P.Thao Dien, Thu Duc
胡志明市大劇院開車30分
028-37446632
8:00～23:00 無休

■前菜、主餐、甜點皆可自由選擇的午間套餐很受歡迎 ②座位數量很多 ③可以眺望西貢河的開放式空間

B 販售各種越南伴手禮的咖啡廳

ZUZU Concept store

位於越南中部，由老宅改建而成的咖啡廳&商店，能在懷舊的氛圍中品茶吃糕點。也有販售有機化妝品、水果乾、陶器等。

MAP 本書P.83

48A Tran Ngoc Dien, P.Thao Dien, Thu Duc
胡志明市大劇院開車20分
077-914-8390 10:00～17:00
週二、三

■綠意盎然的開放式露天座位 ②有機茶的茶葉來自越南中南部的大叻 ③有機水果乾35000VND～

C 在Villa風餐廳享受南法傳統料理

La Villa

由整棟Villa改建的餐廳。在優雅的環境中，品嘗使用當地食材烹調而成的正宗法國料理。午餐每日套餐和兩種全餐可以選擇。

MAP 本書P.83

14 Ngo Quang Huy, P.Thao Dien, Thu Duc
胡志明市大劇院開車20分 028-38982082
11:45～23:30 （週二、三為18:00～）午餐為11:45～13:30，晚餐為18:00～21:30 週一

■葡萄酒的種類很豐富。可與正宗的法國料理一同享用 ②除了1、2樓，還有露天座位，好天氣時選坐戶外也很不錯

The Deck每天的16～19時為Happy Hour。不妨手持一杯飲品，欣賞浪漫的日落美景。

一邊眺望西貢河的美景
一邊享受悠閒的時光

流經市區的西貢河岸邊是市民休憩的地方。
可於傍晚在此乘涼或在景色好的餐廳悠閒度過……
若是逛累了，何不暫時休息一下呢？

一覽西貢河與胡志明市美景

❶ Saigon Skydeck
西貢摩天觀景台

觀景台位於68樓層高的金融塔49樓，51樓的餐廳能俯瞰絕美夜景。

MAP 附錄P.6 F-3　　　　　同起街周邊

🏠 49F, The Bitexco Financial Tower, 36 Ho Tung Mau, Q.1
🚶 胡志明市大劇院步行13分
☎ 028-39156156　🕐 9:30～21:30
🈺 無休　💰 入場費20萬VND

↑從高度252m的觀景台眺望出去的風景
←太空船造型的外觀很有現代感

800年前成功擊退元軍入侵的英雄

陳興道像

這條路的車流量非常大，要橫越馬路或下計程車時需特別注意。

西貢河濱
萬麗酒店 H

Me Linh廣場

雄偉酒店 H

❷ ❸

❹

Ton Duc Thang 街

Nguyen Hue 街

老字號飯店本館頂樓的酒吧

❷ Breeze Sky Bar

能俯瞰整條西貢河的酒吧，戰爭時期也因各國記者在此聚集而廣為人知。需預約。

MAP 附錄P.8 F-4　　　　　同起街周邊

🏠 5F, 1 Dong Khoi, Q.1　🚶 雄偉酒店➡P.89內
☎ 028-38295517　🕐 24小時
🈺 無休

日本作家開高健經常前往，身為粉絲的人一定要去朝聖

景色和味道都很讚的早餐！除了種類豐富的自助式早餐，也可以選擇單點

搭乘Bonsai號巡遊西貢河

西貢河人氣晚餐遊船。享用自助晚餐的同時，
還能欣賞傳統音樂或舞蹈的精采表演。
URL www.bonsaicruise.com.vn

到西貢河沿岸散步

西貢河沿岸的步道是市民休憩的地方。
何不到此散散步，觀賞熙來人往以及河
景呢？

可以輕鬆享受音樂的酒吧

❸ M Bar

位於雄偉酒店新館8樓的酒吧。
調酒價格為19萬5000VND～，
以酒店來說算是價格合理。

MAP 附錄P.8 F-4

同起街周邊
P.61

露天座位區可以看到點著美麗燈
光的遊船來回穿梭。除了飲品，也
有提供各種輕食小點

從早到晚都有
人潮的西貢河

發現賣乾貨的攤販

會有人買曬乾的
魷魚嗎？

車流量很大的Ton
Duc Thang 街

河川旁有美麗的
Me Linh廣場

傍晚時分很適
合散步

調酒等飲品
24萬VND～

在池畔旁啜飲調酒

❹ Liquid Sky Bar

位於河川沿岸「河濱萬麗酒店」21樓的泳
池酒吧。可以一邊眺望夜景，一邊享受輕
食和飲品。

MAP 附錄P.8 F-3　　　　同起街周邊

🏠 21F, 8-15 Ton Duc Thang, Q.1
🚇 河濱萬麗酒店 ➡ P.90 📞 028-3822-0033
🕐 17:00～深夜 🈺 無休

在泳池旁乘涼放鬆

稍微
休息一下……

挑扁擔的女性也
在河川旁休息

Ton Duc Thang 街的車流量非常大，橫越時，請與當地人或經驗豐富的旅人一起慢慢過。

**試著自己做出
越南風味**

越南煎餅粉　25000VND

**享用越南咖啡特有的
濃郁風味**

Vina咖啡　56000VND～

**推薦給想在家
自製生春捲的人**

生春捲皮　22600VND～（300g）、
　　　　　3200VND～（500g）

**在家也能品嘗
各式各樣的越南河粉**

速食河粉　各8300VND～

75元以下！

超市
販售的
伴手禮

超市和百貨商場從食品、日用品到伴手禮等都有販售，對遊客來說非常便利。更棒的是，即使買很多也不會超出預算。

**添加後就能製成
越南風味**

黑味噌（左）　15000VND、
魚露（右）　54000VND～（250㎖）

**用茶包輕鬆享用
傳統茶**

適合送
公司同事

蓮花茶　36700VND（25包入）

**油炸過後，酥軟的鮮
蝦仙貝就完成了**

生蝦片　12000VND

**在家也能品嘗有嚼勁的
正宗越南河粉**

河粉（乾麵條）2900VND（500g）

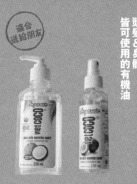

適合送給朋友

頭髮&身體皆可使用的有機油

椰子油　39000VND～

香味選擇豐富的片狀面膜

面膜　各19000VND

薑黃能讓皮膚變光滑

適合送給家人

含薑黃成分的面霜38000VND～（左）和洗面乳18000VND～（右）

在東南亞深受歡迎的抗菌凝露

抗菌乾洗手凝露　32000VND

順口的越南知名啤酒

333啤酒　12500VND

可當作零嘴的水果脆片

波羅蜜脆片　44100VND～

胡志明市的超市&百貨商場

Vincom Center

從服飾到美食都一應俱全的購物商場。

MAP 附錄P.9 C-1　　同起街周邊

⌂ 72 Le Thanh Ton, Q.1 🚇 胡志明市大劇院步行3分 ☎ 028-39369999 🕐 9:30～22:00 休 無休

Coop Mart

販售的零食、河粉等越南名產都很便宜。

MAP 附錄P.7 A-4　　范五老街周邊

⌂ 189C Cong Quynh, Q.1
🚇 濱城市場開車5分
☎ 028-38325239 🕐 7:30～22:00
休 無休

Win Mart

位於Vincom Center地下樓層的超市。生鮮食品、調味料、日用品和酒類等都有販售，可以在此一次購足伴手禮。

MAP 附錄P.9 C-1　　同起街周邊

⌂ 72 Le Thanh Ton, Q.1
🚇 胡志明市大劇院步行6分
☎ 097-5033288 🕐 10:00～22:00
休 無休

利用超市的置物櫃

請注意，超市入口處的置物櫃只能存放貴重品以外的物品。小包包可以直接攜帶入店。

※除了刊載的店鋪，商品也能在其他地方購買。價格是於2023年5月調查。
※1萬VND＝約13元（2024年5月時）

在特別的飯店
度過奢華時光

總是讓人著迷的殖民地式建築，
高尚優美的外觀深受人們喜愛。
遠離城市的喧囂，在此度過優雅的時光吧。

備受名人喜愛的休憩空間

Hotel Continental Saigon
歐式酒店

越南最古老的飯店，造訪過前歌劇院
（現在為胡志明市大劇院）的遊客，所
喜愛的社交場所。因作為法國電影
《印度支那》的拍攝地而聞名。

發現
時尚的長椅

這裡很
Special

天花板和牆壁的雕
刻、溫暖的拱形窗戶、
點綴陽台的金屬工藝
等，隨處可見藝術風
情的設計。

MAP 附錄P.8 D-2　　　　同起街周邊

🏠 132-134 Dong Khoi, Q.1
🚇 胡志明市大劇院即到
📞 028-38299201
💰 ⑤US$112～ ⑦US$138～（有早鳥優
惠）

※價格需加收增值稅（VAT）10%和服務費5%。

1 法國人於1880年設計的殖
民地式建築傑作。在街上格
外顯目 2 深受名人喜愛的中
庭咖啡廳也很有氣氛
3 溫暖舒適的木質客房，可輕
鬆享受悠閒的時光
4 餐廳的氛圍也很棒

也很推薦飯店的自助午餐

可在西貢索菲特廣場酒店 ➡ P.90 的自助午餐品嘗到美味的法國料理。尤其自製麵包堪稱極品。營業時間為11點30分～14點30分。

1 擁有拱形入口等曲線優美的外觀，呈現出高尚的氛圍。可作為遊逛的起點

2 溫暖的木質調營造出療癒的空間

3 有歷史感的木質螺旋樓梯

4 中庭有附設游泳池，別忘了攜帶泳衣

西貢河沿岸的優雅飯店

Hotel Majestic
雄偉酒店

1925年創業，1995年重新改裝的歷史老飯店。擁有白色外觀和象徵歷史的裝飾藝術，是個令人嚮往的獨特空間。讓人想放慢腳步，回憶過去的美好時光。

MAP 附錄P.8 F-4　　　同起街周邊

🏠 1 Dong Khoi, Q.1
🚇 胡志明市大劇院步行10分
☎ 028-38295517
💰 Ⓢ Ⓣ US$137～

這裡很 Special

座落於同起街上，這裡是能一覽西貢河的絕佳位置。高樓層也有餐廳和酒吧 ➡ P.84·85 欣賞夜景。

傳統莊重的飯店

Rex Hotel Saigon
麗士酒店

座落於Nguyen Hue街和Le Loi街交叉口，裝飾著金黃色皇冠的飯店。現代歐式風格的外觀，莊重又大方。服務也是一流。

MAP 附錄P.9 C-3　　　同起街周邊

🏠 141 Nguyen Hue, Q.1
🚇 胡志明市大劇院步行3分
☎ 028-38292185
💰 Ⓢ Ⓣ US$227～（有早鳥優惠）

這裡很 Special

這棟建築曾作為公家機關、電影院等設施使用，歷史感相當濃厚。有皇冠標誌的商品也很受歡迎。

1 以殖民地式風格飯店而聞名的麗士酒店，現已重新改裝。停車的地方也變得更加寬敞舒適　**2** 簡約的現代歐式風格客房

電梯的按鈕標示有英式和日式2種。英式的1樓是「GF」，2樓是「1F」。

各式各樣的飯店櫛比鱗次
胡志明市飯店精選

奢華＆豪華飯店
Luxury & Deluxe Hotel

The Reverie Saigon
西貢萬麗酒店 　**MAP** 附錄P.8 E-4

同起街周邊

亞洲最高級的6星級飯店，擁有奢華的裝潢。
阽 Times Square 22-36 Nguyen Hue, Q.1
図 胡志明市大劇院步行6分
☎ 028-3823-6688
⑭ⓈⓉUS$325～

Park Hyatt Saigon
西貢柏悅酒店 　**MAP** 附錄P.8 D-2

同起街周邊

位於胡志明市大劇院後方，交通便利。白色外觀是主要特徵。
阽 2 Lam Son Square, Q.1
図 胡志明市大劇院即到　☎ 028-38241234 ⑭ⓈⓉUS$450～
圀預 0120-923299
（柏悅酒店＆度假村預約中心）

Hotel Nikko Saigon
西貢日航酒店 　**MAP** 附錄P.4 D-3

胡志明市南部

隨時有日本服務人員在此，令人感到安心的日系飯店。
阽 235 Nguyen Van Cu, Q.1
図 濱城市場開車8分
☎ 028-39257777
⑭ⓈⓉUS$140～

Caravelle
帆船酒店 　**MAP** 附錄P.8 D-2

同起街周邊

可從高樓層酒吧俯瞰絕美景色的高級飯店。
阽 19-23 Lam Son Square, Q.1
図 胡志明市大劇院即到
☎ 028-38234999
⑭ⓈⓉUS$210～

Renaissance Riverside Hotel Saigon
西貢河濱萬麗酒店 　**MAP** 附錄P.8 F-3

同起街周邊

能將西貢河和城市美景盡收眼底。
阽 8-15 Ton Duc Thang, Q.1
図 胡志明市大劇院步行10分
☎ 028-38220033
⑭ⓈⓉUS$255～

Lotte Hotel Saigon
西貢樂天酒店 　**MAP** 附錄P.8 F-1

同起街周邊

能眺望西貢河的飯店，健身房等設施皆完備。
阽 2A-4A Ton Duc Thang, Q.1
図 胡志明市大劇院步行10分
☎ 028-38233333
⑭ⓈⓉUS$260～

※價格需加收增值稅（VAT）10%和服務費5%。

Sheraton Saigon Hotel & Towers
西貢喜來登酒店 　**MAP** 附錄P.8 E-3

同起街周邊

位於市中心的飯店。客房、餐飲、服務的品質數一數二。
阽 88 Dong Khoi, Q.1
図 胡志明市大劇院步行2分
☎ 028-38272828
⑭ⓈⓉUS$255～

Pullman Saigon Centre
西貢中心鉑爾曼酒店 　**MAP** 附錄P.4 D-3

胡志明市南部

充滿都會優雅風格的5星飯店。
阽 148 Tran Hung Dao, Q.1
図 胡志明市大劇院開車10分
☎ 028-38388686
⑭ⓈⓉUS$135～

InterContinental Saigon
西貢洲際酒店 　**MAP** 附錄P.6 E-1

同起街周邊

配有最新設備的舒適現代化客房。
阽 Corner of Hai Ba Trung, Q.1
図 胡志明市大劇院步行10分
☎ 028-35209999
⑭ⓈⓉUS$216～

Saigon Prince Hotel
西貢王子酒店 　**MAP** 附錄P.8 E-4

同起街周邊

位於市中心，很多日本人會入住於此。
阽 63 Nguyen Hue, Q.1
図 胡志明市大劇院步行8分
☎ 028-38222999
⑭Ⓢ US$100～　ⓉUS$115～

Sofitel Saigon Plaza
西貢索菲特廣場酒店 　**MAP** 附錄P.4 E-2

同起街周邊

設有異國料理餐廳和酒吧的豪華飯店。
阽 17 Le Duan, Q.1
図 胡志明市大劇院開車5分
☎ 028-38241555
⑭ⓈⓉUS$135～

Parkroyal Saigon
西貢樂樂雅酒店 　**MAP** 附錄P.5 A-1

胡志明市北部

靠近機場，對於深夜抵達或轉機的旅客來說很便利。
阽 309B-311 Nguyen Van Troi, Q.Tan Binh
図 機場開車5分
☎ 028-38421111
⑭Ⓢ US$167～　ⓉUS$197～

New World Saigon Hotel
新世界酒店 　**MAP** 附錄P.7 C-3

同起街周邊

服務細心周到，能從高樓層欣賞到美麗的夜景。
阽 76 Le Lai, Q.1
図 濱城市場步行7分
☎ 028-38228888
⑭Ⓢ US$140～　ⓉUS$145～

胡志明市的住宿選擇眾多，從高級飯店到平價旅館應有盡有。
可視地點或價格來選擇。
根據旅遊方式來決定住宿的地點吧。

范五老街周邊
有許多平價旅館

Hotel Novotel Saigon Centre
西貢中心諾富特酒店 **MAP** 附錄P.4 E-1

胡志明市北部

提供現代化客房和貼心的服務。
🏠 167 Hai Ba Trung, Q.3
🚇 統一宮步行20分
📞 028-38224866
💰 ⑤US$95～、①US$110～

Windsor Plaza Hotel
溫莎廣場酒店 **MAP** 附錄P.5 C-4

堤岸

位於堤岸中華街，市區街景一覽無遺。
🏠 18 An Duong Vuong, Q.5
🚇 濱城市場開車10分
📞 028-38336688
💰 ⑤①US$85～

休閒旅館
Casual Hotel

Oscar Saigon
奧斯卡西貢飯店 **MAP** 附錄P.8 D-3

同起街周邊

客房設計雅緻簡樸，位於方便觀光的位置。
🏠 68A Nguyen Hue,Q.1
🚇 胡志明市大劇院步行4分
📞 028-38292978
💰 ⑤US$50～ ①US$55～

Royal Hotel Saigon
金都皇家城市飯店 **MAP** 附錄P.8 D-3

同起街周邊

座落於中心，觀光和購物都很便利。
🏠 133 Nguyen Hue, Q.1
🚇 胡志明市大劇院步行3分
📞 028-38225914
💰 ⑤US$60～ ①US$110～

Silverland May Hotel
銀城梅伊飯店 **MAP** 附錄P.8 E-1

同起街周邊

頂樓的泳池能眺望美麗夜景，全客房皆設有浴缸。
🏠 28-30 Thi Sach,Q1
🚇 胡志明市大劇院步行7分
📞 028-38456888
💰 ①US$70～

Palace Hotel Saigon
胡志明市皇宮飯店 **MAP** 附錄P.8 E-3

同起街周邊

乾淨整潔的客房和完備的設施廣受好評。
🏠 56-66 Nguyen Hue,Q.1
🚇 胡志明市大劇院步行6分
📞 028-38292860
💰 ⑤US$55～ ①US$65～

Huong Sen
宏森飯店 **MAP** 附錄P.8 E-3

同起街周邊

座落於同起街的中心地帶，頂樓設有露天酒吧。
🏠 66-68-70 Dong Khoi, Q.1
🚇 胡志明市大劇院步行4分
📞 028-38291415
💰 ⑤①180萬VND～

Bong Sen Hotel
奉森飯店 **MAP** 附錄P.8 E-3

同起街周邊

位於同起街上，非常受遊客歡迎。
🏠 117-123 Dong Khoi, Q.1
🚇 胡志明市大劇院步行3分
📞 028-38291516
💰 ⑤①US$139～

Liberty Central Saigon Citypoint Hotel
自由中心西貢城市之心飯店 **MAP** 附錄P.9 C-3

同起街周邊

簡潔的歐式裝潢深受女性青睞。
🏠 59-61 Pasteur Q.1
🚇 胡志明市大劇院步行5分
📞 028-38225678
💰 ⑤①251萬VND～

Saigon Hotel
西貢飯店 **MAP** 附錄P.8 E-3

同起街周邊

改裝後的房間乾淨舒適，令人放鬆。附免費早餐。
🏠 41-47 Dong Du, Q.1
🚇 胡志明市大劇院步行4分
📞 028-38299734
💰 ①US$75～

PROSTYLE
普羅斯泰爾飯店 **MAP** 附錄P.8 E-1

同起街周邊

絕佳的觀光據點，設施也很完善。
🏠 26 Thi Sach, Q.1
🚇 胡志明市大劇院步行7分
📞 028-38272839
💰 ⑤178萬VND～、①2179萬VND～

有些越南飯店會有無窗戶的客房。若想入住有窗戶的房間，訂房時務必事先告知。

越南 通俗 商品大集合

以下介紹編輯部從眾多雜貨中嚴選出來的商品。
充滿越南特色的可愛伴手禮，無論自用或送朋友都很適合。

適合愛酒人士的玻璃小酒杯(濱城市場◆P.26)／10萬VND

胡爺爺T恤(濱城市場◆P.26)／6萬VND

胡爺爺 Goods

「胡爺爺」就是已故的胡志明，是個全越南人都熟知的偉人。因此市面上的商品種類非常繁多。

適合買來當伴手禮的可愛刺繡束口袋(AUTHENTIQUE ◆P.72)／15萬8000VND

帶有蓮花圖案的茶壺。含茶杯及茶托，能盡情享受美好的午茶時光(Q HOME◆P.72)／156萬2000VND

蓮花 Goods

蓮花是越南的國花。在當地經常能看到繪有蓮花圖案的陶瓷器，以及有蓮花刺繡的越南奧黛。

政治宣傳藝術 Goods

政治宣傳藝術是政府用來宣傳的一種方式。過去用於廣告的宣傳畫獨具特色，深受外國人的青睞，現在作為藝術商品在市面上販售。

街頭也有政治宣傳藝術！

現在在街上仍可以看到寫有標語和口號的招牌。

上頭印有大幅插畫的T恤(Saigon Kitsch◆P.66)／28萬VND

附信封的萬用卡(Saigon Kitsch◆P.66)／3～4萬VND

稍微走遠一些……
加倍感動的美好體驗

遊覽完充滿魅力的胡志明市後，建議可以前往近郊走走。
欣賞都市中看不到的純樸田園風光，
探索森林中的地道……
品嘗只有湄公河三角洲才有的水果和美食吧。

欣賞如詩如畫的風景
遊覽湄公河三角洲

湄公河發源於中國，經過約4500公里的長途旅程後流入南海，
從胡志明市出發，約2小時就能抵達這條雄偉的大河。
不妨稍微走遠一些，去看看水都居民是如何生活的吧。

東埔寨
古芝
胡志明市
美托 ★
芹苴 ◎

湄公河三角洲

沉入湄公河的美麗夕陽。
船隻來來去去的景象，是越
南舊時的風光

湄公河三角洲盛
開著五顏六色的
熱帶花卉

在這個由大河孕育的水都，
和生活在這片沃野上的人們相遇

湄公河三角洲布滿了紅樹林、稻田和錯綜複雜
的運河。盛產水果的美托和水上市場繁盛的芹
苴，都是必去的觀光景點。

在蓮花田發現賣花
的孩子們

湄公河三角洲是位於
湄公河下游的沙洲

湄公河三角洲是世界第12長河經過多
年所形成的三角地帶。主要特徵是平
均海拔2公尺與平坦的地形，水量常
年偏多，適合培育動植物。

旅行社
Sketch Travel
🏠 6A 6F, 236-238 Nguyen Cong Tru, Q.1
🏃 濱城市場步行7分 ☎ 028-38212921
🕐 9:00～12:30、14:00～18:00（週六至12:00）
🚫 週日　**MAP** 附錄P.6 E-4

My Tho

美托

搭乘

「叢林遊船」

美托是位於湄公河三角洲一帶的河畔城市。這裡最受歡迎的是能遊覽湄公河沙洲島的遊船之旅，可以盡情享受越南的自然風光。

參觀米紙工廠

品嘗各種
南洋水果

在沙洲島
悠閒遊逛
島上有米紙工廠、果園、椰子糖工廠等，可以參觀和試吃。

島上盛開著
美麗的花

參觀永長寺
首先到美托近郊的佛教寺院參觀。於1849年開放的法式風格寺院，美麗的外觀非常值得一覽。

參觀完寺院後，
前往遊覽沙洲島

叢林遊船出發囉！
搭乘手划船巡遊是最大亮點，能感受湄公河的風和壯觀的綠色世界。

在紅樹林裡
快速穿梭♪

午餐享用
湄公河的招牌菜
午餐品嘗越南常見的象魚，肉質鮮美無異味。

這是牠游泳時
的樣子～

「美托」的典型行程參考
8時30分從飯店出發，2小時後抵達美托。參觀永長寺、遊覽沙洲島（椰子糖工廠、在果園試吃南洋水果）。附午餐、飯店接送。所需時間約7.5小時。

微風徐徐吹來，
很舒服的喔～

稍微走遠一些……感動加倍的美好體驗／湄公河三角洲

Sketch Travel也有提供胡志明市的觀光導覽，也有適合女性的可愛行程♪

Can Tho
芹苴 的
水上市場也很有趣喔

芹苴是湄公河三角洲最大的城市。來到這裡，千萬別錯過從清晨就開始營業的水上市場，可以感受越南的日常風景和當地居民的熱情。

歡迎來到芹苴

充滿活力的水上市場，從蔬菜、水果到麵類都有販售

豎立在芹苴主街道上的胡志明像

這是湄公河的特產，細米粉喔

這間房子建在水上喔

只有在越南才能看到戴著斗笠的當地人乘船聚集的景象

用船槳代替招牌。這裡是蔬果店

湄公河三角洲一年四季都能看到螢火蟲

若有在湄公河周邊住一晚，一定要去觀賞棲息在河邊的螢火蟲。在寂靜的夜晚，閃爍著無數燈光的湄公河能讓疲憊的心靈得到撫慰。

「芹苴」的典型行程參考
芹苴的行程通常是2天1夜。從胡志明市出發，約4小時後會抵達芹苴。第二天早上前往水上市場遊覽。小船巡遊、在果園品嘗水果小憩片刻、在美托吃午餐等。大約17點左右回程。

穿著髒了也無妨的服裝前往地道

進入古芝地道建議穿著長袖和長褲，選擇弄髒也無妨的輕便服裝出門吧。

Cu Chi
古芝
地道探險

越戰時期被稱為「鐵三角地帶」的古芝。地道長達250公里。是傳述戰爭記憶的重要觀光景點之一。

「古芝」的典型行程參考

遊覽古芝半天就足夠了。旅遊行程有兩個時段可選，每天的早上8點～13點或下午13點30分～18點30分，提供接送服務。也能從濱城巴士總站搭車前往古芝，再轉乘巴士到地道。

仍保留過去的模樣

1 埋伏用的豎坑，沒仔細看根本看不出來 2 也有展示戰爭時使用的陷阱 3 不蹲著走就無法移動的地道內部 4 真實重現的會議室，裡面也有胡志明的照片 5 被遺棄的戰車

建於森林底下的巨大地道

古芝是打敗美軍的南越解放軍所設置的作戰基地。全長250公里的地道周圍還展示了埋伏用的小豎坑和陷阱等，相當值得一看。

複習越南戰爭

第一次印度支那戰爭後，分裂成南北兩半的越南因美國的介入而進入第二次印度支那戰爭（越戰）。在那之後，戰況因南越解放軍的游擊戰和美軍的空襲而陷入膠著。美國受到世界輿論的譴責，戰爭於1975年結束。

地道內出奇地狹窄，有幽閉恐懼症的人最好不要進入。

漫遊度假勝地 芽莊

超人氣的海邊度假勝地。
特色美食、具歷史意義的觀光景點、溫泉等，
盡情享受這個充滿魅力的南國城市吧。

令人著迷的藍色大海和白色沙灘是芽莊的魅力之一

芽莊 Nha Trang
有占城國遺跡和越南中部最大漁港的芽莊，是個從很早就因度假村的開發而備受關注的熱門區域。此外，芽莊周圍環繞著美麗的珊瑚礁，是知名的潛水勝地。長約5公里的Tran Phu街兩旁種滿了椰子樹，令人覺得心情舒暢。另一方面，若走在Thong Nhat街、Phan Boi Chau街等北部街道，也能感受到當地人的生活氛圍。

Access
飛機 胡志明市出發1天20班，所需時間約1小時。河內出發1天9～15班，所需時間約1小時50分。峴港出發1天1～2班，所需時間約1小時15分。
火車 從胡志明市出發約需9小時，河內出發約24小時，峴港出發約9小時。

市內交通
計程車 跳表制計程車的起跳價為14000VND。機場到市區所需時間約40分。
迷你巴士 機場到市區也有迷你巴士運行。5萬VND～
計程機車 步行5分左右的距離大概約2萬VND～。需事先交涉。

特色美食

特產龍蝦吃到飽

A Ngon Gallery Nha Trang

自助餐廳內除了芽莊特產龍蝦，還有100種以上的越南料理可以享用。一邊眺望海景，一邊享受浪漫時光。

■能品嘗使用大量新鮮海鮮烹調而成的世界各國料理 ②現場也有音樂表演

MAP 本書P.98　　　　　　芽莊

所 2nd Floor,Citadines Bayfront,62 Tran Phu,Loc Tho 交 Cham塔步行10分 ☎ 091-5470066
營 11:00～14:00、17:00～22:00 休 無休

芽莊的度假飯店

芽莊海灘沿岸有許多度假飯店，吸引世界各國的遊客前來，在豪華飯店度過一天也很享受。

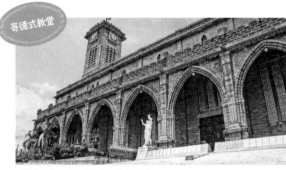

哥德式教堂

越南最大的天主教堂

芽莊大教堂
Nha Tha Nui

1928年建造，位於聖地山坡上的哥德式天主教堂。越南最大的教堂建築，散發著肅穆的氣息。遊客可以參觀早晚舉行的彌撒。

MAP 本書P.98　　　　　　　芽莊

所 31A Thai Nguyen 交 Cham塔步行20分 電 無
時 8:00～13:30、14:00～16:00 休 週日 費 免費參觀

建於小山坡上，能一覽車站和芽莊的景色

歷史寺院

1 市區的每一角都能看到巨大佛像
2 石階旁也有臥佛像和龍形雕刻

俯瞰田園風景的佛像

隆山寺
Chua Long Son

1889年創建的佛教寺院。正殿有一尊被蓮花包圍的佛祖坐像。Chay Thuy坡的上方有一尊坐在蓮花上的巨大白色佛像，可以進入裡面參觀。

MAP 本書P.98　　　　　　　芽莊

所 22,Duong 23/10 交 Cham塔開車10分
電 0258-3827239 時 6:30～20:30 休 無休
費 免費參觀

礦物質豐富的泥漿浴

塔巴溫泉
Tam Bun Thap Ba

有1～8人用的浴槽型，以及大眾池的泥浴溫泉。園內也有游泳池、餐廳、理髮店等設施，可以在此享受悠閒時光。

MAP 本書P.98　　　　　　　芽莊

所 438 Ngoc Den 交 Cham塔開車20分
電 0258-383545 時 6:30～20:30
休 無休 費 大眾池35萬VND

泥漿溫泉

肌膚會變得很光滑唷！

富含礦物質的泥漿具有美肌功效，也能舒緩身體疲勞！

芽莊「鍾嶼岬」的浮石也是熱門的拍照景點，看似要倒卻又沒倒的景觀十分新奇。

掌握越南的出入境流程

為了避免出入境時毫無頭緒，掌握大致的流程非常重要。
辦理手續可能需要較長時間，記得保留行程彈性。

入境越南的流程

1 抵達 Arrival
飛機降落後，依照看板指示前往入境審查區。
搭乘飛機從國際機場入境時，基本上無需提交入境卡。

2 入境審查 Immigration
將護照和回程機票（電子機票收據）交給入境審查官。

3 提領行李 Baggage Claim
前往寫有搭乘航班的行李轉盤領取託運行李。萬一找不到行李，請準備好機票和Claim Tag（行李牌），並告知提領處的服務人員或「Lost＆Found」櫃檯。

4 海關 Customs
接受行李X光檢查。若有需要申報的物品，請填寫海關申報單，並連同護照一起交給審查官。

5 入境大廳 Arrival Lobby
在貨幣兌換所或ATM取得需要的現金後，前往大眾交通工具的乘車處。巴士在A2出口外的右邊，計程車在A1出口外的左邊。

●入境越南時需申報及禁止攜帶之物品
- ●現金（等值US$5000或1500萬VND以上）
- ●總額超過等值1000萬VND以上之物品
- ●酒類（20度以上1.5公升、20度以下2公升、啤酒3公升以上），捲菸200支以上或雪茄20支或其他菸製品250克以上※18歲以上
- ●300克以上的黃金
- ●寄送品等。禁止攜帶毒品、爆裂物、槍枝、骨董、成人雜誌、批判共產主義的新聞、雜誌等

國際線航班會於起飛前1小時停止辦理登機手續。登機門會於起飛前15～30分關閉，請盡早前往

出境越南的流程

1 前往機場
班機出發前2～3小時抵達機場。

2 報到 Check In
準備好護照和機票，至搭乘的航空公司櫃檯辦理手續或使用自助報到機。託運大型行李後，領取登機證和行李牌。與台灣出境時相同，液體類、刀類、電池類都禁止帶上飛機。

3 出境審查 Immigration
將護照和登機證交給出境審查區的審查官。

4 安全檢查 Security Check
出示護照和登機證，接受隨身行李檢查和身體安檢。會嚴查超額現金和骨董，請多加留意。可能需要入境時的海關申報單。

5 出境管制區 Departure Lobby
將貨幣兌換回來、辦理退增值稅、領取免稅品後，前往登機門。可於航班資訊螢幕確認登機門編號。

●入境免稅範圍

酒類	1公升（年滿18歲）
菸類	捲菸200支或雪茄25支或菸絲1磅（年滿20歲）
其他	所攜貨樣之總價值在新臺幣2萬元以下
貨幣	新台幣10萬元、外幣總額等值1萬美元、人民幣2萬元

●主要禁止攜帶及限制物品
- ●肉類、肉製品（火腿、肉乾等）、水果、蔬菜等
- ●槍砲彈藥刀械管制條例所列之槍砲、彈藥及刀械
- ●毒品危害防制條例所列 毒品，及非醫師處方或非醫療性之 管制藥品
- ●侵害專利權、商標權及著作權之物品
- ●偽造或變造之貨幣、有價證券及印製偽幣印模
- ●野生動物之活體及保育類野生動植物及其產製品
- ●其他法律規定不得進口或禁止輸入之物品

※詳細請參照 URL web.customs.gov.tw/taipei/multiplehtml/3392

事先確認相關資訊
胡志明市旅遊小撇步

以下介紹輕鬆暢遊胡志明市的訣竅，
先充分了解當地餐廳和商店的注意事項吧。

要常補充水分，
以免中暑！

餐廳資訊

1.有各式各樣的餐廳

●高級餐廳…大多位於市中心，味道、服務、氣氛都是一流。幾乎都有英語菜單。

●平價餐館…可在此品嘗到用當季食材烹調的家常菜。想體驗在地氛圍的人千萬別錯過。

●攤販…近幾年因加強取締而大幅減少，但市場周邊、廉價住宿區、主要街道的小巷內仍可以看到。

●咖啡廳…受法國影響而殘留的咖啡文化，胡志明市到處都是時尚咖啡廳，不乏休息的地方。

2.應用方式

有些高級餐廳和會演奏傳統音樂的店需要預約，但基本上都是無需預約即可入店。一般營業時間為10～22點，其中也有和台灣一樣，14～17點為休息時間的店。攤販和平價餐館的餐點售完就收店。除了新年（農曆）等國定假日，大部分的店家都是全年無休。另外，平價餐館和攤販不能使用信用卡，請留意。

3.稅金＆小費

高檔餐廳以外基本上不用給小費。高檔餐廳可能會加收VAT（10％）和服務費（5％）。菜單價格後方寫有「＋＋」，就是需要另外加上「稅金和服務費」的意思。此時無需小費。

禮儀＆禁忌

1.吃飯時不要把嘴靠在碗上

將嘴靠在碗上喝湯被認為是很不禮貌的行為。不過，把湯淋在飯上吃就OK。

2.拍照時要注意的地方

軍事設施、寺院等部分地方禁止拍攝，請務必遵守指示。另外，越南人忌諱三人合影，也不喜歡被拍到睡覺的樣子。

3.注意言行

越南有些地方會有公安機關在監視，應避免做出與政治體制、國情相關的批判言行。

購物資訊

1.商店的種類

胡志明市有許多百貨公司、超市、便利商店、市場等商店。要訂做服飾或雜貨就去個人商店，想感受在地活力可以去市場，要買食品等伴手禮就去超市，只想買些零嘴可以去便利商店。

2.關於殺價

市場和小型店鋪通常都需要殺價。若一次性大量購買，也許能得到折扣。可以事先了解其他店家的價格大概落在哪。

3.關於尺寸

尺度採用公制。衣服的尺寸標示有S·M·L·歐洲尺碼38～55等，視店鋪而異。基本上標準比較模糊，一定要試穿後再購買。

4.關於VAT

越南有10％的增值稅（VAT），外國旅客在可免VAT的商店中消費200萬VND以上（含VAT）即可辦理退稅。在店裡結帳時出示護照，領取收據和VAT退稅申請表，提交給機場的退稅櫃檯。

習慣

1.新年（農曆）

每年日期不同，越南人會於此時返鄉，交通會很擁擠。應避免前往郊區旅遊。大部分的店家都會休息。

2.小費

付給行李員和客房清潔人員的小費行情通常約2萬VND。價格已含服務費的高級餐廳無需小費。美容沙龍和Spa則必須支付5～10萬VND。

3.勤務時間

公家機關和一般公司的上班時間較早，通常為7點30分～8點左右，午休時間約1～2小時。16～17點左右（銀行為16點30分左右）下班。週六日是公司的休息日，博物館則是於週一閉館。

4.道路的行走方式

和台灣相同，車子是右側通行。主要道路的車流量非常大，穿越時盡量走斑馬線。

101

如何從新山一機場
到胡志明市中心呢？

新山一機場位於距離胡志明市中心約8公里的西北方，是一座國際機場。
事先掌握資訊，展開一趟舒適的旅行吧。

新山一國際機場

MAP 附錄P.5 A-1

☎ 028-38485383
URL vietnamairport.vn

台灣～胡志明市		
桃園國際機場	約3小時40分
台中國際機場	約3小時30分
高雄國際機場	約3小時20分

主要的航空公司	
中華航空(CI) ☎ 02-412-9000 URL www.china-airlines.com/au/zh
長榮航空(BR) ☎ 02-2501-1999 URL www.evaair.com/zh-tw/index.html
星宇航空(JX) ☎ 02-2791-1199 URL www.starlux-airlines.com/zh-TW
越南航空(VN) ☎ +84-24-3832-0320 URL www.vietnamairlines.com/tw/zh-tw/home

國際線航廈。1樓是入境大廳，2樓是出境大廳

圖 例

→ 入境路線
→ 出境路線
🚻 廁所
🛗 電梯
Ⓡ 餐廳
Ⓢ 商店
ⓘ 服務櫃檯
💱 貨幣兌換所

航廈全覽圖

國際線航廈
國內線航廈
停車場
停車場

出境樓層的上方有餐廳、
咖啡廳、伴手禮商店

國際線

2F 出境樓層

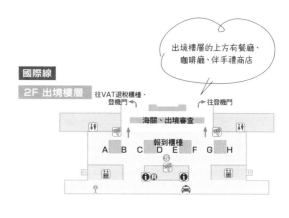

往VAT退稅櫃檯、登機門　　往登機門
海關、出境審查
報到櫃檯
A　B　C　D　E　F　G　H

1F 入境樓層
（中2F）

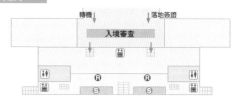

轉機　　落地簽證
入境審查

GF 入境樓層
（1F）

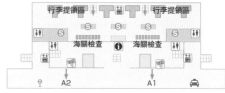

行李提領區　　　行李提領區
海關檢查　ⓘ　海關檢查
A2　　　A1

搭巴士需注意的地方

請注意行李箱等大件行李有時不能帶上車，若是
大型巴士，行李箱可置於下方的行李艙中，貴重
物品和易碎品請隨身攜帶。

機場計程車

適合行李較多的人

機場◀┤├▶市區
30分
US$10〜

可在入境大廳的櫃檯購買車
票。到市區約US$10。請留意
有些服務人員會收取高額的票
價。除了機場計程車，也有跳
表收費的計程車，價格約12〜
15萬VND。需另外收取機場使
用費（1萬VND）。

等客人的計程車。
注意會有強行攬客
的情況（左）
販售計程車車票的
櫃檯（右）

飯店接駁巴士

最安全的交通方式

機場◀┤├▶市區
30分
US$15〜

大部分的高級飯店和小型飯店
都有提供接駁服務，適合第一
次到胡志明市旅遊和深夜抵達
的人。走出入境大廳後，就會
看到拿著名牌的服務人員。

在眾多人潮中尋找名牌也很費勁（上）
上車時，請確認車身上的飯店名稱。抵達
市區所需時間和計程車相同，約30分（左）

路線巴士

適合經常旅行的人

機場◀┤├▶市區
50分
5000VND〜

走出入境大廳後，
就能看到車站位
於右側。若攜帶
大型行李，可能會
被收取額外費用

在入境大廳對面的車站搭乘109、152
號巴士。109號運行時間為5點45分〜
23點40分，約15分鐘一班。票價視距
離而定，通常來說為8000VND〜
15000VND。152號運行時間為5點15
分〜22點，約15〜30分鐘一班。票價
為5000VND（套票＋5000VND）。
152號到濱城市場約50分。109號到西
貢巴士總站約45分。

若飯店沒有提供
接駁服務，
也能委託旅行社。
價格約為US$60〜。

小心拉客計程車和扒手

機場入境大廳有許多接機的當地
人，人潮十分眾多。請注意前來
搭話的計程車司機、順手牽羊的
小偷以及扒手等。

晚上抵達的航班眾多，機場內非常擁擠

在胡志明市區移動
基本上以計程車為主

胡志明市雖然不大，但要遊覽分散在各處的景點和商店，
搭乘計程車是最便捷的方式。不妨多加利用吧。

計程車　Xe Tắc Xi

最便利且安全的交通方式

除了可在大街上攔計程車，也可以請飯店櫃檯或餐廳幫忙叫
車。起跳價視公司而異，一般約為1萬VND～。有些司機會說
一點英語，但很多都只會說越南語，先用越南語寫下目的地和
地址就能避免溝通問題。可能會發生司機沒有零錢可找的情
況，建議搭乘前先準備好小額紙鈔。

推薦的計程車公司

以下兩家計程車公司的司機比較有良心，在胡志明市
生活的日本人也經常搭乘。

　綠色是標識！

Mai Linh Taxi
📱 1055

　綠線＆紅線是標識！

Vina Sun Taxi
📱 028-38272727

學習如何搭乘計程車

1 ‖ 攔計程車

和台灣相同，只要將手舉起，
計程車就會停下來。比起定點
等客人的計程車，街上的計程
車司機都比較有良心。可以請
餐廳或飯店的服務人員幫忙叫
車。來回機場時，除了跳表的
金額，還需另外支付1萬VND。

2 ‖ 搭車

車門是手動，需自行開門上車。
開關車門時，一定要確認周圍
是否有汽機車。另外，也要檢
查計程車上是否有計費表。

3 ‖ 確認計費表＆車牌號碼

上車後，將寫有目的地的紙條
或地圖、旅遊書給司機看，並告
知目的地。擋風玻璃附近的員
工證和車牌號碼也記得確認並
記下，以防突發狀況。

4 ‖ 付錢下車

抵達目的地後，付錢給司機。越
南盾的面額較大，計費表上會
省略2～3個0。例如，「9.5」代
表9500VND。「95.」代表
95000VND。以防萬一，可以先
跟司機說「Receipt Please」，
拿收據來確認。

關於觀光警察

若是迷路或遇到扒手、失竊等狀況時，可以向街上的觀光警察尋求協助，他們通常穿著綠色制服。不知如何穿越馬路時，他們也會陪著一起過去。

計程車&步行　使用一覽表

步行 ＼ 計程車	胡志明市大劇院 (同起街)	統一宮	雄偉酒店	濱城市場	堤岸
胡志明市大劇院 (同起街)	＊	5分 (29000VND)	2分 (11000VND)	5分 (28000VND)	20分 (10萬VND)
統一宮	13分	＊	5分 (28000VND)	5分 (17000VND)	
雄偉酒店	6分	19分	＊	8分 (33000VND)	20分 (10萬VND)
濱城市場	13分	13分	15分	＊	17分 (8萬VND)
堤岸	—	—	—	—	＊

※起跳價為11000VND時。時間和車資均為預估。

計程車之外，還有這些交通工具

巴士　Xe Buýt
路線涵蓋主要街道，習慣後會覺得便宜又方便

市區內有巴士站，站牌上會用越南語寫著目的地和巴士號碼。可透過地圖APP的規劃路線功能，查看路線編碼和要前往的巴士站。車票在車內購買。5～15分鐘間隔一班。票價為5000～1萬VND。

計程機車　Xe Om
胡志明市民的代步工具，若能駕馭就是旅遊專家

乘坐於機車後座的計程車。市區到處都有，有些司機會向觀光客展示用日語寫下感想的筆記本。經常會發生費用糾紛，不建議搭乘。在市區內移動的價格為2～11萬VND。

包車　Charter Car
適合郊區或市內一日遊

能請飯店或旅行社幫忙安排。價格視車種而定，半天約US$100～，一般都包含司機一天的薪水和油錢，但租借之前先確認並留下相關資訊會比較安心。要支付司機約US$10的小費。

人力三輪車　Xích Lô
能體驗異國風情的人力車

人力三輪車曾經是市民的代步工具，現在主要用於觀光。另外，其價格為交涉制，較不適合旅遊新手。若想嘗試人力三輪車，可以向旅行社諮詢。

和台灣有很大的不同，
胡志明市基本資訊

前往胡志明市旅遊的台灣人雖多，但畢竟是在國外，
當地有許多和台灣不同的習慣。出發前先了解基本資訊和禮儀吧。

公共電話

隨著手機的普及，公共電話已逐漸式微。中高級飯店客房內的電話可撥打國際電話，但往往價格高昂。需先輸入飯店的外線專用號碼。

撥打國際電話的方法

從胡志明市撥打至台灣 ☎ 0-1234-5678

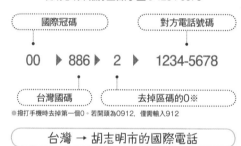

從胡志明市撥打至台灣

國際冠碼		對方電話號碼
00 ▶ 886 ▶	2 ▶	1234-5678
台灣國碼		去掉區碼的0※

※撥打手機時去掉第一個0。若開頭為0912，僅需輸入912

台灣 → 胡志明市的國際電話

從台灣撥打至胡志明市 ☎ 028-12345678

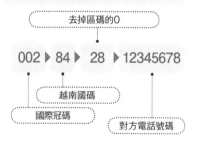

去掉區碼的0

002 ▶ 84 ▶ 28 ▶ 12345678

越南國碼

國際冠碼

對方電話號碼

國際直撥電信公司

中華電信
URL www.cht.com.tw/home/campaign/gxc/c6/idd/index.html

手機

在台灣使用的手機也能透過國際漫遊服務撥打國際電話。關於自己的機型是否能在旅遊目的地使用，以及費用、申請方法等皆可至電信公司的官網查詢。雖然只要運用LINE、Skype等APP，就能和擁有相同程式的人進行免費通話，但也需要耗費數據流量才能連接網路。建議可利用免費Wi-Fi或購買國際漫遊計量型方案。也請記得確認國外數據漫遊設定。

郵件寄送

航空信件和小包裹應至郵局窗口交寄。空運到台灣約需1～2週，船運則需要1～2個月。明信片和20克以內的信件為23000VND。小包裹1公斤40萬VND，EMS 1公斤61萬VND。DHL、FedEX、UPS等國際快遞的費用雖高，但幾天就能收到台灣，還可以線上報價和委託集運。有些物品不能寄送，最好事先確認。

設置於街上的郵筒，投信口有分國際郵件和國內郵件

網路

能預約和辦理出入境手續的手機，可說是旅行的必備品。為了避免繳納高額的數據傳輸費，請記得確認越南的網路環境和手機設定。當地雖有眾多免費Wi-Fi熱點，但租借Wi-Fi或選擇國際漫遊計量型服務還是比較方便。

大部分的飯店都有提供免費Wi-Fi，但每間的網速可能會有所差異

信用卡和ATM

部分市區內的飯店、餐廳、商店可使用國際發卡組織發行的信用卡。在越南，刷卡手續費可能會由使用者負擔，付款時請留意。另外，如果需要現金，也可從ATM提領當地貨幣。除了ATM，購物時也可能需要輸入密碼，請務必於出發前至少兩週的時間向銀行確認信用額度及是否能預借現金。請記下卡號和緊急連絡資訊，並與卡片分開存放，以防遺失。

飲用水

自來水不能生飲。礦泉水從Volvic、Evian等台灣常見的品牌，到當地出產的都有，500毫升約6000VND～。不過，有些惡質商店會將自來水裝進礦泉水瓶中販售，購買時最好先確認瓶蓋是否完整密封。此外，腸胃不好的人也要小心加在果汁裡的冰塊。可以請對方幫忙去冰。

廁所

外國人使用的飯店和餐廳都備有坐式廁所。有些地方會設置蓮蓬頭或擺放裝滿水的水桶供清洗。廁所內幾乎都不會有衛生紙，建議自行隨身攜帶。用過的衛生紙要丟進垃圾桶，不能丟入馬桶。

電壓和插座

電壓主要為220V（50Hz），使用台灣電壓110V的電器需要變壓器。現在不少數位相機和手機都有支援至240V，不用變壓器也能直接使用。不過，當地插座有與台灣相同的A型及圓腳的C型等種類，有時可能需要用到轉接頭。大部分中高級飯店都有提供出借服務。

一般都是圓腳和扁腳兼用的插座

突發狀況對應方式

〈受傷、生病、傳染病〉

在越南，因生菜或自來水而引發食物中毒或傳染病的案例很常見。建議最好避開衛生環境不佳的店，以及要吃經過充分加熱的食物。蚊子是許多疾病的傳播媒介，別忘了要防蚊。若是突發疾病、受傷或出現疑似新冠肺炎的症狀，請通知飯店櫃檯或投保旅平險之單位的救助中心，並按照指示行動。胡志明市內雖有能用日語或英語溝通的醫院和24小時急診服務，但前往保險公司介紹的合作醫院會更為順利。自己支付醫療費時，一定要記得拿診斷書和收據。

〈預防緊急狀況〉

為了以防萬一，出國前先至外交部領事事務局資訊網的「旅外國人動態登錄網頁」進行登錄吧。留下行程、停留國家、聯絡方式等，就能接收當地最新情報、流行傳染病、緊急時的連絡資訊。

URL www.boca.gov.tw/sp-abre-main-1.html

‹治安›

在外國人較多的地方，搶劫、扒竊等犯罪行為十分常見。騎機車從後方靠近走在街上的行人，伺機搶奪財物是最典型的手法。在擁擠的市場和街上也很常發生錢包和手機被竊走的情況。要隨時看管好自己的隨身物品。尤其濱城市場及其周邊，以及同起街等觀光客較多的區域更應該留意。

除此之外，也要注意交通事故。當地不管車道或人行道都會有汽機車行駛，過馬路時最好和在地的越南人一起過，或走有紅綠燈的斑馬線。

切勿幫人保管行李！

在國外，不要隨意幫忙保管行李或物品，即使是熟人也一樣。現在有越來越多在不知情的情況下，運送毒品而受到嚴厲制裁（有些國家會判死刑）的案件。

主要節日

1月1日	元旦
2月8～14日左右	新年（農曆。9日為除夕）＊
4月18日	雄王紀念日（農曆3月10日）＊
4月30日	統一節（解放南部紀念日）
5月1日	國際勞動節（五一勞動節）
9月2日	國慶日（獨立紀念日）

※上述資訊以2023年9月～2024年8月的國曆表示。若國定假日碰上週六日，則於隔週一補假
※＊符號的節日及活動日為農曆，每年日期不同。

商店會於國定假日休息，路上經常壅塞不堪

新年（農曆）是最重要的節日。大多數的人會和家人一起悠閒度過

index

胡志明市・胡志明市郊外

健之家	按摩	Ton That Thiep街周邊	67
飯店		**區域**	**頁碼**
Hotel Continental Saigon 歐式酒店		同起街周邊	88
Hotel Majestic 雄偉酒店		同起街周邊	89
Rex Hotel Saigon 麗士酒店		同起街周邊	89
普羅斯泰爾飯店		同起街周邊	91
帆船酒店		同起街周邊	90
奉森飯店		同起街周邊	91
胡志明市皇宮飯店		同起街周邊	91
宏森飯店		同起街周邊	91
金都皇家城市飯店		同起街周邊	91
西貢柏悅酒店		同起街周邊	90
西貢賓樂雅酒店		胡志明市北部	90
西貢飯店		同起街周邊	91
西貢樂天酒店		同起街周邊	90
西貢河濱萬麗酒店		同起街周邊	90
西貢喜來登酒店		同起街周邊	90
西貢洲際酒店		同起街周邊	90
西貢中心鉑爾曼酒店		胡志明市南部	90
西貢中心諾富特酒店		胡志明市北部	91
西貢日航酒店		胡志明市南部	90
西貢索菲特廣場酒店		同起街周邊	90
西貢萬韻酒店		同起街周邊	90
西貢王子酒店		同起街周邊	90
新世界酒店		濱城市場周邊	90
自由中心西貢城市之心飯店		同起街周邊	91
奧斯卡西貢飯店		同起街周邊	91
銀城梅伊飯店		同起街周邊	91
溫莎廣場酒店		堤岸	91

ことりっぷ co-Trip
世界小伴旅

胡志明

國家圖書館出版品預行編目(CIP)資料

胡志明 / MAPPLE昭文社編輯部作；
陳怡君翻譯. -- 第一版. -- 新北市：
人人出版股份有限公司, 2024.10
面； 公分. -- (世界小伴旅；1)
(co-Trip世界系列；1)
譯自：ことりっぷ ホーチミン
ISBN 978-986-461-398-4(平裝)

1.CST: 旅遊 2.CST: 越南
738.39 113011289

【co-Trip 世界系列 1】

胡志明

作者／MAPPLE 昭文社編輯部
翻譯／陳怡君
特約編輯／翁湘惟
發行人／周元白
出版者／人人出版股份有限公司
地址／231028新北市新店區寶橋路235巷
6弄6號7樓
電話／(02)2918-3366（代表號）
傳真／(02)2914-0000
網址／www.jjp.com.tw
郵政劃撥帳號／
16402311人人出版股份有限公司
製版印刷／長城製版印刷股份有限公司
電話／(02)2918-3366（代表號）
香港經銷商／一代匯集
電話／(852)2783-8102
第一版第一刷／2024年10月
定價／新台幣300元
港幣100元

ことりっぷ co-Trip 世界小伴旅

胡志明

Map

可拆下使用

Ho Chi Minh

胡志明市全域圖
胡志明市周邊MAP／胡志明市MAP
胡志明市中心MAP
同起街周邊MAP
越南美食清單
情境基本會話

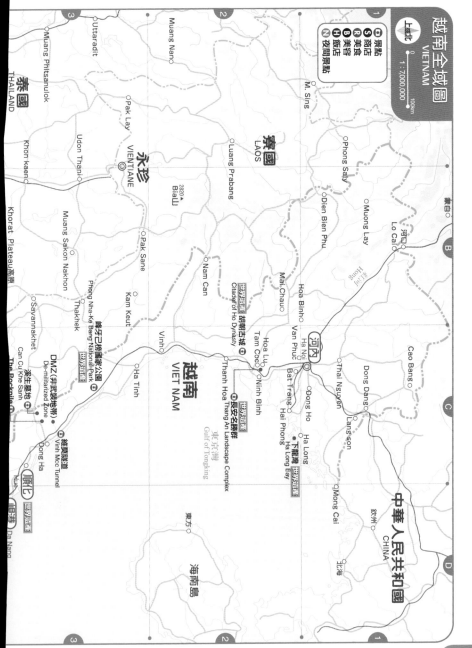

上越北

0   100km
1 : 7,000,000

1 ❶ 景點
2 ❺ 商店
3 ❻ 美食
   ❼ 飯店
   Ⓝ 夜間景點

泰國
THAILAND

寮國
LAOS

越南
VIET NAM

中華人民共和國
CHINA

Muang Nan

M. Sing

Phong Saly

Muang Lay

Lo Cai
河口

Uttaradit

Muang Phitsanulok

Pak Lay

VIENTIANE
永珍

Luang Prabang

2820▲
BiaU山

Dien Bien Phu

Cao Bang

Dong Dang
Lang Son

Khon Kaen

Udon Thani

Muang Sakon Nakhon

Pak Sane

Nam Can

Mai Chau

Hoa Binh
Van Phuc

河內
Ha Noi

Dong Ha

Dong Hoi

Thai Nguyen

Bat Trang
Hai Phong
Ha Long

Mong Cai
北海
欽州

Khorat Plateau高原

Kam Keut

世界遺產
Citadel of Ho Dynasty
胡朝古城 ❶

Hoa Lu
Tam Coc

Ninh Binh

Ha Long Bay
下龍灣
世界遺產

Thakhek

Phong Nha-Ke Bang National Park
世界遺產
峰牙己榜國家公園 ❶

Vinh

Thanh Hoa
世界遺產
Trang An Landscape Complex
長安名勝群

東京灣
Gulf of Tongking

Savannakhet

Ha Tinh

The Rockpile ❶

DMZ(非軍事地帶) ❶
De-militarized Zone

漢生墓地 ❶
Can Cu Khe Sanh

Dong Ha

順化
Hue
世界遺產

Vinh Moc Tunnel
維莫隧道 ❶

東方

峴港
Da Nang
世界遺產

海南島

紅河
Hong河

Song Hong紅河

中國
CHINA

2

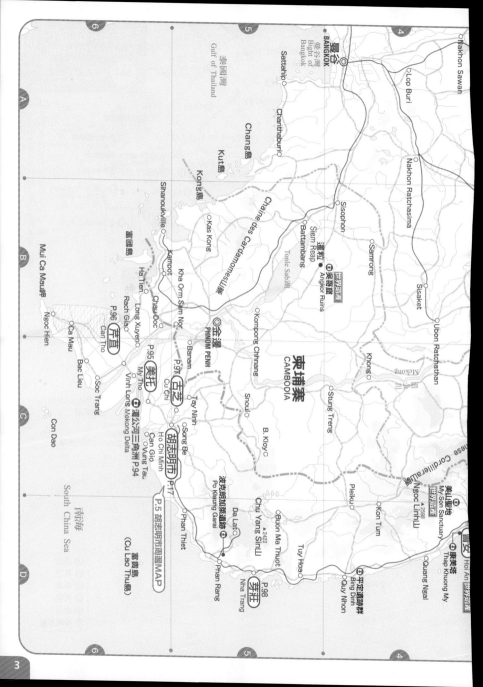

Nakhon Sawan

臺谷
曼谷灣
BANGKOK
泰國灣
Bight of
Bangkok

Lop Buri

Nakhon Ratchasima

Sattahip

Chanthaburi

Chang島

Kut島

Kong島

Gulf of Thailand

Ubon Ratchathani

Sisaket

Mekong
湄公河

Sisophon

暹粒
世界遺產
Angkor Ruins
吳哥窟遺址
暹粒

Samrong

Siem Reap

Battambang

Tonle Sab湖

Chaine des Cardamomes山脈

Kas Kong

Sihanoukville
雲壤島

Kompong Chhnang

Stung Treng

Snoul

Kon Tum

Pleiku

Buon Ma Thuot

Tuy Hoa

Mui Ca Mau岬

Ngoc Hien

Ca Mau

Bac Lieu

Soc Trang

Con Dao

南海
South China Sea

首都
P.96

Can Tho

Long Xuyen

Rach Gia

Ha Tien

Kampot

Kha Orm Sam Nor

Chau Doc

美托
P.95

My Tho

Vinh Long

湄公河三角洲 P.94
Mekong Delta

Banam

Tay Ninh

Song Be

Ho Chi Minh

Can Gio

Vung Tau

Po Klaung Garai

Phan Thiet

Phan Rang

Nha Trang

Quy Nhon

Quang Ngai

古芝
P.97

Cu Chi

胡志明市 P.17

P.5 胡志明市周邊MAP

豪富島
(Cu Lao Thu島)

波克朗加萊遺跡
Da Lat

Chu Yang Sin山

Kon島

B. Kloy C

CAMBODIA
柬埔寨

金邊
PHNOM PENH

Khong

Kon Tum

美山聖地
My Son Sanctuary
世界遺產

Ngoc Linh山

2598

2422

平定遺跡群
Bing Dinh

會安
Hoi An 世界遺產

順美美塔
Thap Khuong My

芽莊
P.98

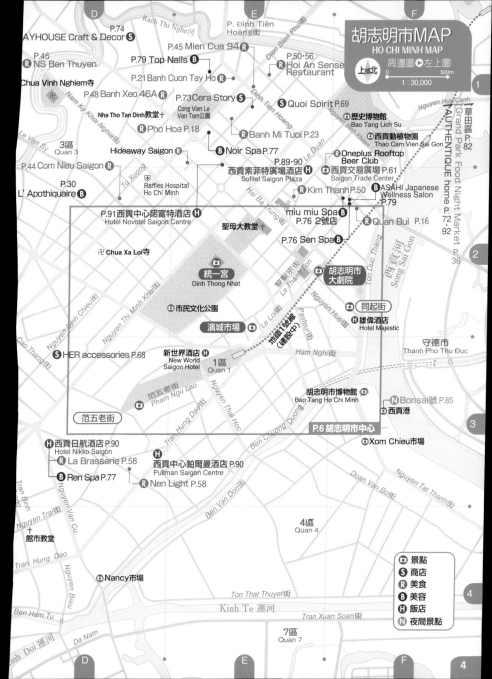

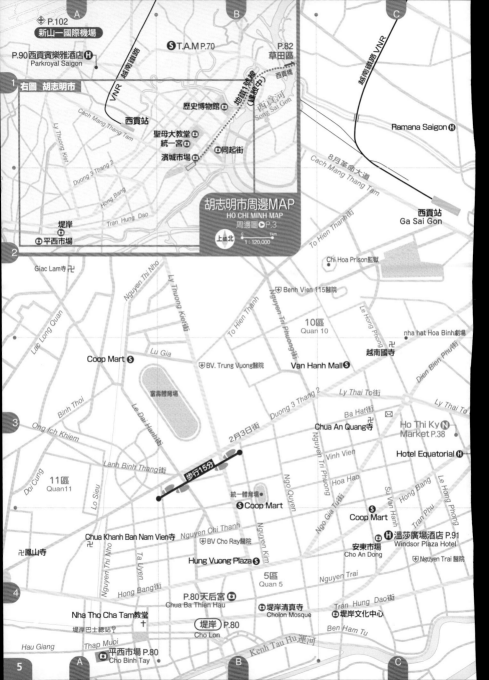

⊕ P.102
新山一國際機場

Ⓢ T.A.M P.70

P.82
草田區

⊕ P.90西貢賓樂雅酒店 Ⓗ
Parkroyal Saigon

VNR

越南鐵路

西貢橋

越南鐵路 VNR

右圖 胡志明市

Cach Mang Thang Tam

西貢站

歷史博物館

地鐵1號線（建設中）

西貢河
Song Sai Gon

Ly Thuong Kiet

聖母大教堂
統一宮

同起街

Ramana Saigon Ⓗ

8月革命大道
Cach Mang Thang Tam

濱城市場

Duong 3 Thang 2

胡志明市周邊MAP
HO CHI MINH MAP
周邊圖 ◯ P.3

Hong Bang

上為北   0   1km
1：120,000

西貢站
Ga Sai Gon

堤岸
⊕ 平西市場

Tran Hung Dao

To Hien Thanh街

Chi Hoa Prison監獄

Giac Lam寺 卍

Nguyen Thi Nho

Lu Gia

To Hien Thanh

⊕ Benh Vien 115醫院

Nguyen Tri Phuong街

10區
Quan 10

Le Hong Phong

nha hat Hoa Binh劇場

越南國寺 Ⓢ

Dien Bien Phu街

Lac Long Quan

Ly Thuong Kiet街

Coop Mart Ⓢ

⊕ BV. Trung Vuong醫院

Van Hanh Mall Ⓢ

富壽體育場

Le Dai Hanh街

Duong 3 Thang 2

Ly Thai To街

Ly Thai To

Binh Thoi

Ong Ich Khiem

2月3日街

Ba Hat街

Chua An Quang寺

Vinh Vien

✉

Ho Thi Ky Ⓝ
Market P.38

Hotel Equatorial Ⓗ

Doi Cung

11區
Quan11

Lanh Binh Thang街

步行15分

統一體育場
Ⓢ Coop Mart

Ngo Quyen

Nguyen Tri Phuong

Hoa Hao

Su Van Hanh

Hong Bang

Le Hong Phong

Tran Phu

Coop Mart Ⓢ

卍鳳山寺

Chua Khanh Ban Nam Vien寺

Lo Sieu

Nguyen Chi Thanh

⊕ BV Cho Ray醫院

Nguyen Kim

Ngo Gia Tu街

Ⓗ 溫莎廣場酒店 P.91
Windsor Plaza Hotel

安東市場
Cho An Dong

⊕ Nguyen Trai 醫院

Nguyen Thi Nho

Ta Uyen

Hung Vuong Plaza Ⓢ

5區
Quan 5

Nguyen Trai

Hong Bang街

堤岸清真寺
Cholon Mosque

Tran Hung Dao街

⊕ 堤岸文化中心

P.80天后宮 ⊕
Chua Ba Thien Hau

Ben Ham Tu

Nha Tho Cha Tam教堂 ✝

堤岸巴士總站 🚌

堤岸 P.80
Cho Lon

Hau Giang

Thap Muoi

⊕ 平西市場 P.80
Cho Binh Tay

Kenh Tau Hu 運河

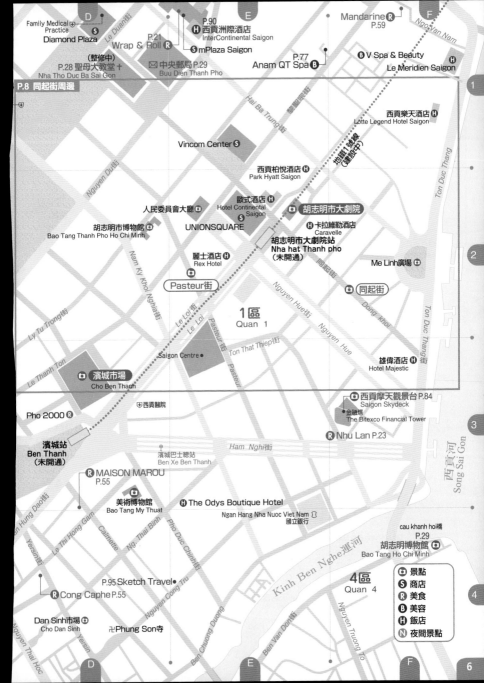

Family Medical Practice ⊞
Diamond Plaza
Le Duan街

Wrap & Roll ℝ P.21

P.28 聖母大教堂 ✝
Nha Tho Duc Ba Sai Gon
(整修中)

P.90
Ⓗ西貢洲際酒店
InterContinental Saigon

Ⓢ mPlaza Saigon

⊠ 中央郵局 P.29
Buu Dien Thanh Pho

Mandarine ℝ
P.59

Ngo Van Nam

P.77
Anam QT Spa Ⓑ

Ⓑ V Spa & Beauty

Le Meridien Saigon Ⓗ

P.8 同起街周邊

Hai Ba Trung街

西貢樂天酒店 Ⓗ
Lotte Legend Hotel Saigon

Ton Duc Thang

Vincom Center Ⓢ

Nguyen Du街

西貢柏悅酒店 Ⓗ
Park Hyatt Saigon

地鐵1號線線（興建中）

人民委員會大廳 ⊡
胡志明市博物館 ⊡
Bao Tang Thanh Pho Ho Chi Minh

歐式酒店 Ⓗ
Hotel Continental
Saigon

UNIONSQUARE Ⓢ

胡志明市大劇院 ⊡

Ⓗ卡拉維勒酒店
Caravelle

麗士酒店 Ⓗ
Rex Hotel

胡志明市大劇院站
Nha hat Thanh pho
（未開通）

Me Linh廣場 ⊡

Nam Ky Khoi Nghia街

Ⓟ Pasteur街

Ly Tu Trong街

Le Thanh Ton街

1區
Quan 1

Le Loi街
Le Loi

Pasteur街

Ton That Thiep街

Pasteur

Nguyen Hue街

Nguyen Hue

⊡ 同起街

Dong Khoi

Ton Duc Thang街

雄偉酒店 Ⓗ
Hotel Majestic

Saigon Centre ●

濱城市場 ⊡
Cho Ben Thanh

⊞ 西貢醫院

Pho 2000 ℝ

⊡ 西貢摩天觀景台 P.84
Saigon Skydeck
● 金融塔
The Bitexco Financial Tower

ℝ Nhu Lan P.23

濱城站
Ben Thanh
（未開通）

Ham Nghi街

濱城巴士總站
Ben Xe Ben Thanh

Nguyen Hung Dao街

ℝ MAISON MAROU
P.55

美術博物館 ⊡
Bao Tang My Thuat

Le Thi Hong Gam街

Calmette

Ng. Thai Binh

Ph. Duc Chinh街

Ⓗ The Odys Boutique Hotel

Ngan Hang Nha Nuoc Viet Nam 🏛
國立銀行

Kinh Ben Nghe運河

cau khanh hoi橋
P.29
胡志明博物館 ⊡
Bao Tang Ho Chi Minh

西貢河
Song Sai Gon

Yersin街

P.95 Sketch Travel ●

ℝ Cong Caphe P.55

Dan Sinh市場 ⊡
Cho Dan Sinh

Nguyen Thai Hoc街

Yersin街

Nguyen Cong Tru街

卍 Phung Son寺

Ng. Chuong Duong

Nguyen Van Don街

4區
Quan 4

Nguyen Truong To

⊡ 景點
Ⓢ 商店
ℝ 美食
Ⓑ 美容
Ⓗ 飯店
Ⓝ 夜間景點

胡志明市周邊MAP
HO CHI MINH CENTRAL MAP

上＝北　周邊圖 ▶ P.4

0　　　100m
1：10,000

●日本總領事館

P.39 Gammer Beer

戰爭遺跡博物館
Bao Tang Chung Tich Chien Tranh

舍利寺 卍
Chua Xa Loi

Quan Com Ga Ⓡ
P.46 Thuong Hai

P.29 統一宮 Ⓗ
Hoi Truoug Thong Nhat

Com Nieu Saigon Ⓡ

8月革命大道

P.51 CA-REM Ⓡ

P.46 Bo Bit Tet Nam Son Ⓡ
Saigon Star Hotel Ⓗ

市民文化公園
Cong Vien Van Hoa T.P.

P.47
Dong Nhan Com Ba Ca Ⓡ

Trong Dong 劇場
San Khau Ca Nhac Trong Dong

馬里安曼印度廟 Ⓗ
Chua Ba Mariamman

P.33 Ao Dai Hanh Ⓢ

A & EM Ⓗ

P.23 Banh Mi Huynh Hoa Ⓡ

Pham Hong Thai

星巴克 Ⓡ
P.90 新世界酒店 Ⓗ
New World Saigon Hotel

Minh Duc Ⓡ

P.49 Lau Mam TYTY Ⓡ

● Com Binh Dan So

Banh Mi Bui Thi Xuan Ⓡ

9月23日公園
Cong Vien 23-9

P.49 Com Tam Thuan Kieu Ⓡ

Phu San 醫院

Le Lai 街
Le Lai Ⓢ

Phuong Trang tourist

Ⓡ Xoi Che Bui Thi Xuan P.24

范五老街 Ⓗ

Siam Travel　● Bi Saigon

P.62·87
Coop Mart Ⓢ

范五老街

Liberty 4

De Tham 街 Ⓗ

Cong Quynh

Ⓗ

Vien Dong

太平市場

P.19 Pho Quynh

P.44

Hu Thiu Nam Vang Thanh Dat Ⓡ

Bui Vien

P.51 FIVE BOYS NUMBER ONE Ⓡ

Lam Te 寺 卍

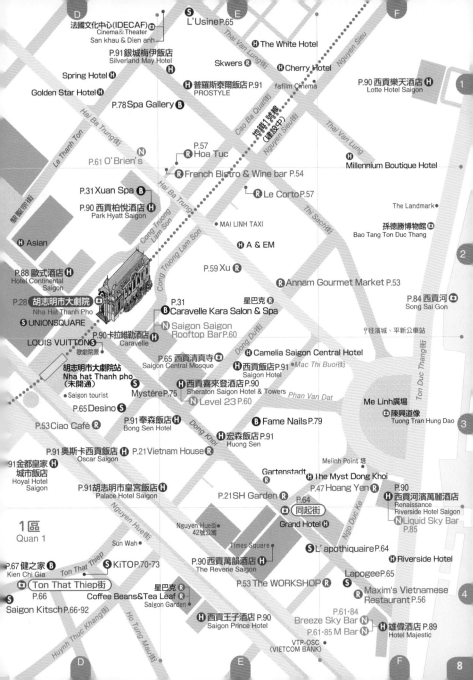

法國文化中心(IDECAF) ⓓ
Cinema & Theater
San khau & Dien anh

ⓢ L'Usine P.65

ⓗ The White Hotel

P.91銀城梅伊飯店
Silverland May Hotel

Skwers ⓡ

ⓗ Cherry Hotel

ⓗ 普羅斯泰爾飯店 P.91
PROSTYLE

fafilm Cinema

P.90 西貢樂天酒店 ⓗ
Lotte Hotel Saigon

Spring Hotel ⓗ

Golden Star Hotel ⓗ

P.78 Spa Gallery ⓑ

Le Thanh Ton

Hai Ba Trung街

Cao Ba Quat街

地鐵1號線
(建設中)
(Nguyen Sieu街)

Thai Van Lung

Thai Van Lung街

Nguyen Sieu

Millennium Boutique Hotel

P.61 O'Brien's ⓝ

P.57
Hoa Tuc
ⓡ

ⓡ French Bistro & Wine bar P.54

The Landmark •

P.31 Xuan Spa ⓑ

ⓡ Le Corto P.57

P.90 西貢柏悅酒店 ⓗ
Park Hyatt Saigon

Hai Ba Trung

Thi Sach街

孫德勝博物館 ⓓ
Bao Tang Ton Duc Thang

ⓗ Asian

Cong Truong Lam Son

• MAI LINH TAXI

ⓗ A & EM

P.88 歐式酒店 ⓗ
Hotel Continental
Saigon

P.59 Xu ⓡ

ⓡ Annam Gourmet Market P.53

P.28 胡志明市大劇院 ⓓ
Nha Hat Thanh Pho

P.31
ⓑ Caravelle Kara Salon & Spa

星巴克 ⓡ

P.84 西貢河 ⓓ
Song Sai Gon

ⓢ UNIONSQUARE

ⓝ Saigon Saigon
Rooftop Bar P.60

Dong Du街

♀往濱城、平新公車站

Ton Duc Thang街

LOUIS VUITTON ⓢ

P.90 卡拉維勒酒店 ⓗ
Caravelle

P.65 西貢清真寺 ⓝ
Saigon Central Mosque

ⓗ Camelia Saigon Central Hotel

• Mac Thi Buoi街

胡志明市大劇院站
Nha hat Thanh pho
(未開通)

ⓗ 西貢飯店P.91
Saigon Hotel

• Saigon tourist

ⓝ 西貢喜來登酒店 P.90
Sheraton Saigon Hotel & Towers

Phan Van Dat

Me Linh廣場

P.65 Desino ⓢ

Mystère P.75

ⓝ Level 23 P.60

ⓓ 陳興道像
Tuong Tran Hung Dao

P.53 Ciao Café ⓡ

P.91 奉бен飯店ⓗ
Bong Sen Hotel

Dong Khoi街

ⓑ Fame Nails P.79

Melinh Point 塔

91金都皇家
城市飯店
Hoyal Hotel
Saigon

ⓗ 宏森飯店 P.91
Huong Sen

P.91 奧斯卡西貢飯店 ⓗ
Oscar Saigon

ⓡ P.21 Vietnam House

Gartenstadt

ⓡ The Myst Dong Khoi

P.90
西貢河濱萬麗酒店
Renaissance
Riverside Hotel Saigon

P.91 胡志明市皇宮飯店 ⓗ
Palace Hotel Saigon

P.21 SH Garden ⓢ

P.64
同起街

ⓡ P.47 Hoang Yen

Ngo Duc Ke

ⓝ Liquid Sky Bar
P.85

Nguyen Hue街

Grand Hotel ⓗ

1區
Quan 1

Nguyen Hue街

Nguyen Hue街•
42號公寓

Times Square •

ⓢ L' apothiquaire P.64

ⓗ Riverside Hotel

Sun Wah •

P.67 健之家 ⓑ
Kien Chi Gia

Ton That Thiep

ⓢ KiTOP.70•73

P.90 西貢萬韻酒店 ⓗ
The Reverie Saigon

Lapogee P.65
ⓢ

Maxim's Vietnamese
Restaurant P.56

ⓓ Ton That Thiep街

P.66

P.53 The WORKSHOP ⓡ

ⓢ

P.61•84
Breeze Sky Bar ⓝ

雄偉酒店 P.89
Hotel Majestic

星巴克 ⓡ

ⓢ

Saigon Kitsch P.66•92

Coffee Beans&Tea Leaf
Saigon Garden

ⓗ 西貢王子酒店 P.90
Saigon Prince Hotel

P.61•85 M Bar ⓝ

VTP-OSC
(VIETCOM BANK)

Huynh Thuc Khang街

Ho Tung Mau街

D

E

F

1

2

3

4

8

同起街周邊MAP
DONG KHOI MAP

上盛北 周邊圖 ▶P.6

0　　　　50m
1 : 4,500

- ⊙ 景點
- Ⓢ 商店
- Ⓡ 美食
- Ⓑ 美容
- Ⓗ 飯店
- ● 夜間景點

✝ 聖母大教堂 P.28
Nha Tho Duc Ba Sai Gon
(整修中)

🖂 中央郵局 P.29
Buu Dien Thanh Pho

Han Thuyen 街

Cong Xa Paris 街

🇻 聖母瑪利亞像

P.53
Ⓡ Au Parc P.50·54

Runam Boutique Vincom Dong Khoi Ⓡ

The Metropolitan ●

P.87 Win Mart Ⓢ

BAO VIET ●

P.71 LIBE Ⓢ

Ly Tu Trong 26號公寓

P.87 Vincom Center Ⓢ

Pasteur 街

Nguyen Du 街

同起街

P.50
She Cafe Ⓡ

Ly Tu Trong 街

Co-op Food Ⓢ

Nha Hang Ngon Ⓡ

P.16

P.37
Ⓝ Ben Nghe Street
Food Market

158號公寓 ⊙

Ⓢ catherine denoual maison P.65·68

Nam Ky Khoi Nghia 街

P.19
Ⓡ Pho 24

步行3分

● Predident Palace

P.29·67 人民委員會大廳 ⊙
Toa Nha UBND T.P.

Cong Vien Ly
Tu Trong 公園

Pasteur 街

Ly Tu Trong 街

⊙ 胡志明市博物館
Bao Tang Thanh Pho Ho Chi Minh

胡志明像 ●

P.39 Hoa Mai Restaurant Ⓡ

Nguyen Trung Truc 街

P.89 麗士酒店 Ⓗ
星巴克 Ⓡ Rex Hotel Saigon

P.67·71 Ha Phuong Souvenir Shop Ⓢ

Pasteur 街

P.67 Le Hang Ⓢ

P.67 黎聖宗街 ⊙

P.25 Kem Bach Dang

P.91 自由中心西貢城市之心飯店 Ⓗ
Liberty Central Saigon Citypoint Hotel

Ⓢ 7-11 Ⓡ

Ⓡ Com Tam Moc

P.78 Hacca for hair Ⓑ

黎聖宗街

Ⓗ Liberty Central

Le Loi 街

Saigon Centre Ⓢ

Thanh Binh Ⓡ

Thu Khoa Huan 街

P.72·92 Q HOME Ⓢ

P.16 HO CHI MINH CITY Ⓢ
TAKASHIMAYA

印度教寺廟 ⊙

Pasteur 街

P.18
Ⓡ Pho 2000

⊙ 濱城市場 P.26
Cho Ben Thanh

地鐵1號線
(建設中)

Saigon Square

9

A　　　B　　　C

不懂越南語也沒關係！只要用手指出想吃的料理，就能輕鬆完成點餐。帶著這個美食清單，到處品嘗各式料理吧。

越南美食清單

炸春捲
Chả Giò Rế
包入絞肉、冬粉、木耳等餡料的炸春捲。大小視店鋪而異，有些會加入螃蟹或魷魚。

實食 check!

炸鱧魚餅
Chả Cá
將魚漿拿去油炸的越式炸黑輪。口感外酥內軟。含豐富鈣質，營養滿分。

實食 check!

開胃菜
Khai Vị
大部分的開胃菜都相當清爽，很適合台灣人的口味。加入青木瓜、香蕉花等南洋食材的沙拉也很推薦。

白玫瑰
Bánh Hoa Hồng
用米粉皮包入蝦泥和數種蔬菜蒸熟而成的餃子。越南中部的特產。

實食 check!

烤洛葉牛肉捲
Thịt Bò Nướng Lá Lốt
用一種名為洛葉的香草，將調味過的牛絞肉捲起來燒烤的料理。

實食 check!

甘蔗蝦
Chạo Tôm
把蝦泥裹在甘蔗上烤熟，又名「鮮蝦竹輪」，和香草一起食用。

實食 check!

生春捲
Gỏi Cuốn
將鮮蝦、豬肉、香草等食材包進生春捲皮的料理，吃起來很像沙拉。

實食 check!

魚肉沙拉
Gỏi Cá
將白肉魚稍微煮熟後，加入花生、洋蔥片、香草攪拌而成的沙拉。

實食 check!

海鮮沙拉
Xà Lách Hải Sản
在魷魚、鮮蝦等海鮮和蔬菜中，加入鹽巴和胡椒調味的沙拉，很適合當下酒菜。

實食 check!

越南煎餅
Bánh Xèo
用米粉薄煎而成的越式什錦燒。內有鮮蝦、豬肉、豆芽菜等豐富餡料，用香草包裹並搭配魚露醬汁一同享用也很美味。

實食 check!

蒜炒空心菜
Rau Muống Xào Tỏi
加入蒜頭與空心菜一起炒，用蒜頭、魚露、鹽巴、胡椒簡單調味。

實食 check!

柚子沙拉
Nộm Bưởi
加入花生和鮮蝦的柚子沙拉。柚子的酸味在口中漫延，是一道充滿南洋風情的料理。

實食 check!

香蕉花沙拉
Nộm Hoa Chuối
在切絲香蕉花、牛肉、洋蔥、香草等食材中，倒入含醋的魚露攪拌成的沙拉。

實食 check!

鮮柚沙拉
Gỏi Buoi
拌有柚子果肉、鮮蝦和香草類的沙拉，並搭配以魚露為基底的醬汁。

實食 check!

（指著菜單）請給我這個

Cho tôi món này.

椰汁蒸蝦
Tôm Sú Hấp Nước Dừa
將鮮蝦浸泡在椰汁中蒸煮的料理，湯汁濃郁可口。

完食
check！

蝦麵捲
Tôm Cuốn Mì
將中華麵捲在鮮蝦上後拿去油炸，沾上大量糖醋醬汁一同享用。

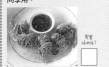

完食
check！

紅燒魚
Cá Kho Tộ
將魚用魚露和椰汁調味後，放入土鍋燜煮，加入焦糖醬的甜辣風味。

完食
check！

海鮮
Đồ Biển

海鮮既便宜又新鮮。有很多使用鮮蝦、螃蟹等食材製成的料理。到評價好的餐廳品嘗生食吧。

蒜炒瀨尿蝦
Bề Bề Rang Tỏi
蒜頭和瀨尿蝦一起炒，炒好的瀨尿蝦抹上蒜頭後再炸兩次，香氣十足。

完食
check！

龍蝦
Tôm Hùm
Tom Hum＝龍蝦。圖為鮮奶醬口味，焗起司也很受歡迎。

完食
check！

炸象魚
Cá Tai Tương
用湄公河三角洲特產「象魚」做成的酥炸料理，和蔬菜一起包進米紙內享用。

完食
check！

清蒸田螺
Ốc Nhồi
把切碎的田螺肉和香草塞進田螺殼內清蒸的料理，很適合當下酒菜。

完食
check！

炸魷魚
Mực Chiên Giòn
香噴噴的炸魷魚搭配辣椒醬，越南魷魚的肉質鮮美厚實。

完食
check！

羅望子炒蝦
Tôm Rang Me
羅望子醬拌炒鮮蝦，羅望子醬的酸甜滋味和清淡的海鮮很搭。

完食
check！

酒蒸蛤蠣
Nghêu Tay Cầm
用酒清蒸大小介於蛤與蜆之間的貝類。鹹鮮可口，連湯都很好喝。

完食
check！

清蒸螃蟹
Ghẹ Hấp
清蒸蟹殼上有美麗花紋的花蟹，簡單擠點萊姆、撒上鹽巴和胡椒享用。

完食
check！

炒鰻魚
Lươn Xào Lăn
河內的特產炒鰻魚，口味偏油，建議搭配蔬菜一起吃。

完食
check！

西湖炸蝦餅
Bánh Tôm Hồ Tây
酥脆的鮮蝦天婦羅是河內西湖的特色料理。麵衣是用米粉製作，口感輕盈。

完食
check！

烤大蝦
Tôm Càng Nướng
烤淡水長臂大蝦，清淡的鮮蝦和魚露、越南醬油很搭。

完食
check！

烤扇貝
Gỏi Sò Điệp
美味的烤扇貝料理，放在鮮蝦仙貝上享用可品嘗到絕妙口感。

完食
check！

柑橘烤鴨
Vịt Nướng Vỏ Quýt
結合烤鴨與桔醬的料理，鴨肉充滿柑橘類的酸甜風味，味道輕盈高雅。

嚐嚐看
check !
□

餃子牛
Bò Lúc Lắc
越式餃子牛肉，特徵是大膽的調味和豪邁的擺盤，分量十足。

嚐嚐看
check !
□

酸肉
Nem Chua
在越南中南部芽莊經常會看到的生火腿，將豬肉包在香蕉葉裡發酵而成。

嚐嚐看
check !
□

魚露炸雞翅
Cánh Gà Chiên Nước Mắm
將雞翅用魚露醃漬後下鍋油炸的簡單料理，有些店會用奶油炸。

嚐嚐看
check !
□

焦糖排骨
Sườn Ram Mặn
豬肉炒洋蔥。與有加糖的魚露拌炒，味道類似糖醋肉，很下飯。

嚐嚐看
check !
□

炒雞肉
Gà Xào Mặn
薑汁風味雞肉料理。脂肪含量高，味道濃郁，可搭配加入辣椒的魚露。

嚐嚐看
check !
□

椰汁燉豬肉
Thịt Heo Kho Nước Dừa
燉煮豬肉。肉質軟嫩，帶有以醬油為基底的甜辣風味，有點像紅燒肉。

嚐嚐看
check !
□

椰香烤牛肉
Bó Nướng Dừa
椰子殼中裝有用牛肉、椰子油等熬煮的湯，搭配生雞蛋和魚露享用。

嚐嚐看
check !
□

燉牛肉
Bò Kho
越式燉牛肉。湯汁柔滑，有添加羅勒，和麵包一起吃。

嚐嚐看
check !
□

烤豬肉串
Heo Xiên Nướng
微辣的烤豬肉串，撒上鹽巴和胡椒，並擠點萊姆調味後享用。

嚐嚐看
check !
□

海鮮湯
Canh Hải Sản
加入各種蔬菜、鮮蝦、魷魚、貝類等大量食材的辣海鮮湯。

嚐嚐看
check !
□

酸魚湯
Canh Chua
使用番茄和羅望子，酸甜中帶辣的越南招牌湯品。裡面加了雞蛋、鱧魚、豆芽菜等食材。

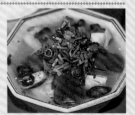
嚐嚐看
check !
□

海鮮鍋
Lẩu Hải Sản
添加蔬菜和海鮮的海鮮鍋，湯汁充滿海鮮的鮮味，非常美味。

嚐嚐看
check !
□

酶牛肉
Bò Nhúng Dấm
將薄切的牛肉放到湯裡煮熟，再搭配生菜和香草一起吃的越式涮涮鍋。

嚐嚐看
check !
□

鱧魚鍋
Chả Cá Lã Vọng
翻炒鱧魚與香草而成的咖哩風味河內知名美食。放在米線上面吃。

嚐嚐看
check !
□

西式蟹湯
Súp Măng Tây Cua
內有蟹肉、白蘆筍、蛋的濃稠湯品。其中的炸餛飩是主要特色。

嚐嚐看
check !
□

土鍋炊飯
Cơm Tay Cầm
加入雞肉、香菇、香茅等，用土鍋炊煮的飯類料理。鍋巴很美味。

完食
check!

牛肉河粉
Phở Bò
放入牛肉（bò）的河粉。價格視牛肉部位而有些許差異，肉類可以要求三分熟或半熟等生熟度。

完食
check!

什錦炒飯
Cơm Chiên Thập Cẩm
飯類料理中最受歡迎的炒飯，圖為加入蝦泥的五目炒飯。

完食
check!

雞肉河粉
Phở Gà
放入雞肉（gà）的河粉。湯頭很清淡，味道鮮甜可口。

完食
check!

烤豬肉米線
Bún Chả
碳烤豬肉丸加上五花肉、米線、香草，搭配以魚露為基底的醬汁一起享用。

完食
check!

高樓麵
Cao Lầu
會安特色料理。米製的麵很有嚼勁，會添加蔬菜和肉片，與醬油醬汁攪拌均勻就能品嘗。

完食
check!

順化米線
Bún Bò Huế
中部古城順化的知名辣味麵料理，用豬腳&牛骨熬製的湯裡有滿滿的米線和牛肉。

完食
check!

蓮葉蒸飯
Cơm hấp Lá Sen
用蓮葉包裹炒飯，原是宮廷料理，內有蓮子、雞肉等食材。

完食
check!

香脆炒麵
Mì Xào Giòn
越式廣東炒麵，在偏硬的mi（中華麵）上淋上帶有勾芡醬汁的配料，分量十足。

完食
check!

牛肉冬粉
Miến Bò
加入牛肉的湯冬粉，冬粉和清爽的湯頭很搭，能使身體徹底暖和起來。

完食
check!

廣式麵
Mì Quảng
越南中部都市峴港的特色料理，將乾麵與花生、醬汁均勻攪拌後享用。

完食
check!

（指著菜單）請給我這個

Cho tôi món này.

蓮子湯
Chè Hạt Sen
用蓮子做成的熱甜湯，蓮子的口感如同堅果，很適合當點心。

完食 check!

椰子餅
Bánh Ngọt Dừa
有滿滿的椰子肉，像派一樣的烘焙點心，口感相當酥脆。

完食 check!

越南布丁
Bánh Flan
使用大量雞蛋和煉乳製成的布丁，味道非常濃郁，超推薦的甜點。

完食 check!

綠豆糯米糕
Bánh Cốm
河內的特色甜點，柔軟有彈性的糯米皮中，有滿滿的甜豆餡。

完食 check!

奶油泡芙
Bánh Xu Kem
厚實外皮搭配奶油內餡，味道單純的泡芙。

完食 check!

綜合甜湯
Chè Thập Cẩm
加入綠豆寒天、水果、蓮子的冰綜合甜湯。

完食 check!

冰淇淋
Kem
南越的熱門冰品，牛奶和雞蛋的味道非常濃郁。

完食 check!

豆腐
Đậu Hũ
越式杏仁豆腐，在軟嫩的特製豆腐上淋上薑味糖漿享用。

完食 check!

香蕉甜湯
Chè Chuối
加入甜煮香蕉的熱甜湯，搭配添加椰奶的糖漿一起吃。

完食 check!

優格
Ya-Ua
越南優格的口感香濃綿密，味道很像日本的高級優格。

完食 check!

綠豆糕點
Bánh Xu Xê
順化的特色甜點，綠豆內餡的方形糯米糕，外層用香蕉葉包裹著。

完食 check!

火龍果
Thanh Long
白色果肉內有黑色的小種子，口感類似奇異果。

完食 check!

櫻桃
Sơri
外觀小巧可愛的紅色西印度櫻桃，越南產的略酸。

完食 check!

牛奶果
Vú Sữa
剝開外皮後，會溢出如牛奶般的汁液，產季是2～4月。

完食 check!

釋迦
Mãng Cầu
外皮柔軟好剝除，白色果肉很香甜，打成果汁也很美味。

完食 check!

波羅蜜
Mít
乍看之下很像榴槤的巨大的波羅蜜，果肉香甜可口。

完食 check!

龍眼
Nhãn
白色的果凍狀果肉香甜多汁，裡面有種子，很像荔枝。

完食 check!

榴槤
Sầu Riêng
被譽為南洋水國之王的榴槤，具有獨特香氣和綿密果肉的美味高級水果。

完食 check!

芒果
Xoài
廣為人知的芒果，濃郁的甜味讓人一吃就上癮，越南產的體型都很大。

完食 check! □

柚子
Bưởi
柚子是柑橘類中最大的品種，多汁的果肉和清爽的香氣是其特徵。

完食 check! □

蓮霧
Mân
鮮艷多汁的水果，吃起來酸酸甜甜，味道類似李子。

完食 check! □

紅毛丹
Chôm Chôm
甜度和酸度恰到好處，用刀切一個開口，將皮剝開後即可食用。

完食 check! □

米酒
Rượu Cần
用米發酵釀成的少數民族酒，將竹製吸管插入罐內直接飲用。

完食 check! □

糯米酒
Rượu Nếp Mới
用糯米製成的燒酒，略帶甜味，口感圓潤。高酒精濃度。

完食 check! □

越南咖啡
Cà Phê
添加煉乳，味道香甜濃郁，無論冰的或熱的都很好喝。

完食 check! □

飲品
Đồ Uống&
Bia&Rượu
說到最具代表性的日常飲品，南部是咖啡，北部是中國茶。酒類則是以啤酒為大宗。

◆越南料理的KEY WORD
越南語的料理名稱基本上都是食材和烹調方式的組合。只要知道主要的料理用語，就能輕鬆解讀菜單。

【烹調方式】
*Nấu：煮
*Xào：炒
*Luộc：水煮
*Nướng：烤
*Chiên：油炸
*Cuốn：捲
*Hấp：蒸
*Hơ Lửa：炙
*Sống：生食
*Gỏi：涼拌
*Kho：燉煮
*Lẩu：鍋物

【食材・素材】
*Bò：牛
*Gà：雞
*Heo：豚
*Ốc：貝
*Cua：螃蟹
*Tôm：鮮蝦
*Trứng：雞蛋
*Tỏi：大蒜
*Sả：香茅
*Húng quế：羅勒
*Cá：魚
*Rau：蔬菜

【其他】
*Chua：酸
*Ngọt：甜
*Cay：辣
*Mặn：鹹
*Đắng：苦
*Chát：澀
*Đậm：味道濃郁
*Mềm：軟
*Cứng：硬
*Giòn：脆
*Ngon：美味
*Bánh：糕餅

好吃!!

奶昔
Sinh Tố
混合水果和煉乳的奶昔。酸甜好喝，酷暑季節的營養補給。

完食 check! □

Lua Moi米酒
Rượu Lúa Mới
廣受越南人歡迎，以米為原料製成的蒸餾酒，喝起來十分順口。

完食 check! □

啤酒
Bia
南越以333（ba ba ba）、BGI、西貢啤酒最為知名，北部則是河內啤酒等。

完食 check! □

甘蔗汁
Nước Mía
不會過於甜膩，喝起來很順口，使用甘蔗專用的榨汁機製成。

完食 check! □

葡萄酒
Rượu vang
胡志明市北部的高原都市大叻，以盛產物美價廉的葡萄酒而聞名。

飲品 check! □

茶
Trà、Chè
越南的茶種類相當豐富，具代表性的包括綠茶、紅茶、蓮花茶、茉莉花茶等。

飲品 check! □

你好嗎？
Có khỏe không?

我的名字是○○
Tôi tên là ○○.

你好
Xin chào.

謝謝
Cảm ơn.

再見
Tạm biệt.

是，我很好
Vâng, tôi khỏe.

是／不是
Vâng／Không

對不起
Xin lỗi.

不客氣
Không dám (Không có gì).

晚點見
Hẹn gặp lại.

我不明白
Tôi không hiểu.

是，我知道了
Vâng, tôi hiểu.

情境
基本會話

餐廳

請問廁所在哪裡？
Nhà vệ sinh ở đâu ạ?

請給我看菜單
Cho tôi xem thực đơn.

請不要加冰塊
Đừng cho đá.

請不要加香菜
Đừng cho tôi rau mùi.

飯店・觀光

請幫我辦理入住手續
Tôi muốn check in.

請問幾點要退房？
Giờ check out là lúc nào ạ?

我想換錢
Tôi muốn đổi tiền.

購物

請問多少錢？
Bao nhiêu tiền?

請算便宜一點
Giảm giá được không?

可以試穿嗎？
Tôi mặc thử được không ạ?

Spa・按摩

請輕(用力)一點
Nhẹ (Mạnh) hơn một chút.

費用是多少？
Bao nhiêu tiền ạ?

我想做精油按摩
Tôi muốn được mát xa bằng dầu.